공리주의

존 스튜어트 밀

현대지성 클래식 31

공리주의
UTILITARIANISM

존 스튜어트 밀 | 이종인 옮김

현대
지성

일러두기

- 이 역서는 John Stuart Mill, *Utilitarianism*
  OXFORD WORLD'S CLASSICS(2015)를 완역한 것이다.
- 각주는 모두 옮긴이가 붙인 것이다. 단, 원주라고 덧붙인 것은 지은이가 쓴 것이다.

차례

제1장

총론

옳고 그름을 가려내는 기준에 대한 논쟁은 과거로부터 오랫동안 진행되어왔으나 여전히 답보 상태에 머물러 있다. 우리는 현재의 인간 지식을 구성하는 것들 중에서 가장 중요한 이 사안에 대한 사색조차도 마무리 짓지 못했다. 예상했던 것처럼 진전을 이루기는커녕, 이 옳고 그름의 기준에 대한 논쟁처럼 후진적 상태에 있는 것도 그리 많지 않을 것이다. 철학의 여명기로부터, 최고선(最高善)에 대한 문제, 다시 말해 도덕성의 기반에 관한 문제는 사변 철학의 중요한 주제로 간주되어왔다. 또한 가장 뛰어난 재주를 가진 지식인들의 생각을 사로잡아왔으며, 그들을 여러 파벌과 학파로 분열시켜서 서로 적극적인 논쟁을 벌이며 싸우게 만들었다.

그때 이후 2천 년이 흘러간 지금에도 여전히 같은 논쟁이 계속되고 있다. 철학자들은 여전히 논쟁적인 기치를 내걸고 있다. 그 어떤 사상가들이나 인류도 이 주제에 대하여 만장일치의 결론에는 단 한 발자국도 더 가까이 다가가지 못한 것처럼 보인다. 젊은 소크라테스는 일찍이 늙은 프로타고라스의 말을 듣고서, 소위 소피스트의 대중적 철학에 반대 의사를 표시하면서 공리주의의 이론을 펼쳤다(플라톤의 대화가 실제 소크라테스의 대화를 그대로 옮겨놓은 것이라고 가정했을 때 말이다).[1] 저 오래된 소크라테스의 시절로부터 지금에 이르기까지 이 주제(옳고 그름의 기준)는 명확한 결론이 나지 않은 것이다.

도덕 철학: 제1원리의 수립이 필요하다

그런데 모든 학문의 제1원리와 관련해서도 위와 유사한 혼란과 불확실성이 존재한다. 가장 확실한 학문이라고 여겨지는 수학조차도 여기서 예외가 되지 못한다. 그러나 제1원리가 없다고 해서 그런 학문들이 내린 결론의 신빙성이 크게 피해를 입는 것은 아니며, 오히려 전반적으로 보아 전혀 피해를 입지 않는다. 이것은 분명 하나의 변칙적 현상인데, 그렇게 된 이유를 어떻게 설명할 수 있을까?

어떤 학문의 세부적 규칙들은 그 학문의 제1원리에서 연역된 것이 아니고, 또 그 규칙들을 증명할 때 제1원리에 의존하지도 않는다는 말로 설명할 수 있다. 이것이 분명한 사실이라면 대수학(代數學)만큼 아주 불안정하고, 또 불충분한 결론을 가지고 있는 학문도 없을 것이다. 대수학은 보통 그 학문의 구성 요소들이라고 가르치는 것들로부터 확실성

---

1 소크라테스는 『프로타고라스』에서 프로타고라스와 대화를 나누는 중에 "다른 종류의 결과를 낳지 않는다면 모든 것들은 쾌락을 낳는 한 좋고, 고통을 낳는 한 나쁘다"라고 말한다. 소크라테스는 여기서 쾌락주의를 말하고 있는데 밀은 이것이 공리주의(쾌락은 행복과 직결된다)와 연결된다고 본 것이다.

을 도출하지 않는다. 몇몇 저명한 대수학 교사들이 정립한 대수학의 구성 요소들은 영국의 법률만큼이나 허구로 가득 차 있고,[2] 신학만큼이나 신비로 충만하기 때문이다. 궁극적으로 학문의 제1원리로 받아들여지는 진리는 실제로는 형이상학적 분석(그 학문에 잘 알려져 있는 기본적 개념을 가지고 실천되는 분석)의 최종 결과물이다. 제1원리들과 학문의 상관관계는 기초와 건물의 관계가 아니고, 뿌리와 나무의 관계와 같다. 뿌리는 비록 그 밑바닥까지 캐내려가 거기에 빛을 들이대지 않아도, 땅속에서 제 기능을 잘 발휘하기 때문이다.

그러나 학문에서는 개개의 구체적 진리가 일반 이론에 앞서서 정립되지만, 도덕이나 법률 같은 실천적 기술(技術)의 경우에는 정반대로 일반 이론이 먼저 정립되고, 그 다음에 개개 진리들이 따라 나온다. 모든 행동은 어떤 목적을 달성하기 위한 것이고, 행동 규칙은 그 행동이 달성하려는 목적으로부터 특성과 특색을 얻게 된다고 보는 게 자연스럽다. 우리가 어떤 대상을 추구할 때, 그 대상의 정체를 분명하고 정확하게 파악하는 것이 첫 번째가 되어야 하고, 우리가 그런 추구에서 얻어낼 수 있는 것에 대한 기대는 맨 마지막이 되어야 한다. 따라서 옳고 그름의 기준은 옳은 것과 그른 것을 조사하는 수단이지, 이미 그것(옳은 것 혹은 그른 것)을 조사한 결과는 아니다.

우리의 자연적 능력 혹은 본능이 옳은 것과 그른 것을 우리에게 알려

---

2 벤담은 영국의 법률이 자연법의 원리와 공감의 원리를 강조하는 정신을 갖고 있다는 기존의 법률 사상을 허구라고 지적했다. 오히려 영국의 법률은 지배층의 이익을 일방적으로 옹호하는 잘못된 것으로서, 이것을 대대적으로 뜯어고쳐 최대 다수의 최대 행복 즉 공공 이익을 개인의 이익과 최대한 일치시키는 방향으로 개정해야 한다고 주장했다.

준다고 보는 대중적 이론에 호소해도 기준을 설정하는 일의 어려움이 사라지지는 않는다. 여기서 도덕적 본능 그 자체가 논쟁거리라는 사실은 잠시 옆으로 제쳐두자.

그 본능을 믿는다고 하더라도, 철학적 훈련이 조금이라도 되어 있는 사람은 그런 도덕 본능이 마치 우리의 눈과 귀가 경치와 소리를 즉각적으로 구분하는 것처럼 어떤 특정한 사안의 옳고 그름을 구분해준다는 주장을 받아들일 수가 없기 때문이다.

사상가라고 자처하는 사람들의 설명에 따르면, 우리의 도덕적 능력은 도덕적 판단의 일반 원리들만 제공해준다. 그것은 우리 이성의 한 부분이지, 우리 감각적 능력의 한 부분은 아니다. 따라서 그 도덕적 본능은 도덕의 추상적 원리를 파악하는 데 활용될 수 있을 뿐, 구체적 상황 속의 도덕을 인식하는 데에는 도움이 되지 않는다.

직관적 윤리학파는 귀납적 윤리학파 못지않게 일반 법칙의 필요성을 주장한다. 이 학파들은 다음과 같은 사실에 동의한다. 어떤 개인적 행동의 도덕성은 직감적으로 알 수 있는 문제가 아니고, 일반 법칙을 그 개별 행동에 적용해야 알 수 있는 문제라는 사실이다. 두 학파는 일반 법칙과 유사한 도덕적 법칙에 대해서도 동의한다. 그러나 그 법칙의 증거와, 그 법칙에 권위를 부여하는 원천에 대해서는 의견을 달리한다.

선험과 경험: 도덕 법칙의 두 바탕

직관 학파에 의하면 도덕의 원리는 분명 아프리오리(a priori: 선험적. 경험 없이도 알 수 있는 것)이므로 그 용어를 이해하는 것 이외에는 아무런 동의를 필요로 하지 않는다.[3] 귀납 학파에 의하면 옳고 그름, 진리와 거짓은 관찰과 경험의 문제다. 그러나 두 주장은 똑같이 도덕은 원리들로부터 연역되어야 한다는 데 동의한다. 직관 학파는 귀납 학파와 똑같이 도덕의 학문이 있다고 강력하게 주장한다. 그렇지만 그들은 도덕학에서 기본 전제가 되는 선험적 원리들의 명단을 작성하여 내놓으려 하지 않는다. 나아가 그런 다양한 원리들을 제1원리(혹은 의무의 공통 바탕)로 압축하려는 노력은 더더욱 하지 않는다. 그들은 선험적 원리 같은 통상적인 도덕 원리를 내놓거나, 여러 개별적 원리들의 밑바탕이 되는 공통적 원리를 내놓을 뿐이다. 그러나 그 공통적 원리라는 것도 개별적 원리들보다 더 권위가 있는 것은 아니어서 일반 대중의 지지를 받지 못한다.

그렇지만 그들의 주장을 뒷받침하기 위해서는, 모든 도덕의 뿌리가 되는 하나의 근본 원리 혹은 법칙이 있어야 한다. 그런 원리와 법칙이 여러 개라면 그것들 사이에 확정된 우선순위가 마련되어 있어야 한다. 그리고 그 하나의 원리, 혹은 여러 원리들이 갈등을 일으킬 때 우선순위

---

3 밀은 여기서 직관주의(intuitionism) 이론을 말하고 있다. 이 이론은, 도덕적 판단은 경험이 없어도 직관에 의해서 연역적으로 알 수 있다고 보는 입장이다. 칸트로 대표되는 독일의 관념론이 이 입장을 취한다. "사람을 죽이면 안 된다"라는 명제는 여러 사람을 죽여 보니 그게 좋지 않다는 것을 알게 되어 명제로 정립된 것이 아니라, 처음부터 인간이 그게 나쁘다는 것을 알고 있었기에 정립됐다는 이야기이다. 반면에 존 로크 이래 영국에서 발달되어온 경험론은 도덕적 판단을 포함하여 모든 지식은 체험에 의해서 얻어진 것들(귀납된 것들)의 일반화라고 생각한다. 성경에 등장하는 최초의 살인자 카인은 그게 나쁜 행위인지 알지 못했고, 그런 일이 반복되어 사회에 혼란이 오다 보니 결과적으로 살인이 나쁘다는 것을 알게 되었다는 것이다. 밀은 경험론자이므로 이런 직관주의, 즉 관념론을 인정하지 않는 입장에 서 있으나 다른 측면(가령 쾌락의 질적 측면에 대한 강조)에서는 이 관념론을 다소 수용하는 입장을 보인다.

를 결정해주는 원리는 누가 봐도 분명한 것이어야 한다.[4]

제1원리가 없다면 나쁜 결과가 생겨날 수밖에 없다. 그래서 그 나쁜 결과가 실제 상황에서는 어떻게 완화되는지, 그리고 인류의 도덕적 신념이 그런 궁극적 기준(제1원리)이 없어서 얼마나 피해를 입었고, 또 얼마나 불확실한 것이 되어버렸는지 알아보는 과정은, 곧 과거와 현재의 윤리적 원칙을 철저히 관찰하고 비판하는 일과 같다. 하지만 기존의 도덕적 신념이 어떤 안정성과 일관성을 획득했다 할지라도, 제1원리(공적으로는 제1원리로 인정되지 않는 원리)의 암묵적 경향 덕분에 그런 안정성과 일관성을 얻게 되었다는 걸 보여주기란 비교적 쉬운 일이다.

공적인 제1원리가 없기 때문에 윤리학은 하나의 행동 지침이 되지 못하고, 인간의 실제 감정을 우선시하는 태도를 취하게 되었다. 그런데 좋은 감정이든 나쁜 감정이든 인간의 감정은 어떤 사물(혹은 사건)이 그들의 행복에 미치는 효과에 크게 영향을 받는다. 그리하여 효용의 원리, 혹은 벤담이 나중에 명명한 최대 행복 원리는 도덕적 이론을 형성하는 데 엄청난 영향력을 미쳤고, 심지어 공리주의를 경멸하면서 거부하는 사람들의 도덕 이론에도 영향을 주었다.

공리주의는 도덕의 제1원리

어떤 행위가 행복에 미치는 영향은 도덕률의 여러 세부사항에서 가장 구체적이면서 가장 지배적인 고려사항이다. 이것은 공리주의를 도덕

---

4 밀은 올바른 행위 즉 도덕적 행위의 궁극적 기준(제1원리)은 행복이 되어야 한다고 뒤에서 말한다. 도덕적 행위를 만들어내는 기준이 여럿 있을 때에도 행복이 최고 우선순위이며 이것은 누가 봐도 분명하게 알 수 있다고 말하고 있는 것이다.

의 원리 혹은 도덕적 의무감의 원천으로 인정하지 않는 사람들도 인정하는 바이다. 여기서 한발 더 나아가, 공리주의를 반박할 필요가 있다고 생각하는 선험적 사상가들조차도, 공리주의의 핵심 주장(행복)이 인간에게 필수불가결한 것임을 인정한다.

여기서 나는 선험적 사상가들을 비판할 생각은 없다. 그러나 하나의 구체적 사례를 제시하기 위하여 그런 사상가들의 대표인 칸트가 내놓은 체계적인 논고 『도덕 형이상학』을 언급하지 않을 수 없다. 칸트의 사상 체계는 앞으로 철학의 역사에서 중요한 이정표의 하나로 길이 남을 것이다. 이 위대한 철학자는 바로 위에서 언급한 책에서 도덕적 의무의 근원이면서 터전이 되는 보편적 제1원리를 주창했다. 그 원리는 이러하다. "그대 행동의 바탕이 되는 법칙이 모든 합리적 존재들이 받아들일 수 있는 보편 법칙이 되도록 하고, 그 법칙에 따라 행동하라."

그러나 칸트는 이 원리로부터 도덕의 실제 의무사항들을 추출하면서 인간들이 그런 보편 법칙을 실천할 때 모순사항이 발생하고, 또 그 법칙의 실천이 논리적으로나 실제적으로나 불가능하다는 것을 거의 기괴할 정도로 보여주지 않는다. 인간은 실제로는 그런 보편 법칙을 위반하는 부도덕한 행위를 일상생활에서 예사로 저지른다. 그런데도 칸트는 어떤 행동을 모든 사람이 다 선택하면 그 결과는 너무나 참담할 것이므로 결국 그렇게 하지 않을 것이라고 말할 뿐이다.[5]

이 논고에서 나는 다른 이론들에 대해서는 더 이상 언급하지 않고, 공

---

5 칸트의 보편 법칙은 "정언명령"이라고 한다. 정언명령으로는 "거짓말을 하지 말라"가 있는데, 사람들은 실제로 일상생활 중에 거짓말을 자주 한다. 그런데도 칸트는 온 세상 사람들이 다 거짓말을 하면 인간의 사회는 존재하지 못할 것이라고 말하는 데 그치고 있다고 밀은 지적하는 것이다.

리주의 혹은 행복 이론을 이해하고 평가하는 데, 그리고 공리주의를 뒷받침해주는 증거들을 내놓는 데 힘을 기울일 것이다. 사실 여기서 말하는 증거는 통상적이고 대중적 의미의 증거가 되지는 못한다. 궁극적 목적이라는 것은 직접적인 증거에 의해서 증명될 수 있는 게 아니다. 무언가가 좋다고 증명하기 위해서는, 그것이 좋다고 인정된 무언가로 가는 수단이 된다는 점을 보여주는 것만으로도 충분하다. 여기에 직접 증거는 없어도 무방하다.

예를 들어, 의술(醫術)은 좋은 것이라고 증명되는데 그것이 사람들을 건강하게 하기 때문이다. 하지만 건강이 좋은 것임을 어떻게 증명하겠는가? 마찬가지로 음악은 즐거움을 주기 때문에 좋은 것이다. 하지만 즐거움이 좋은 것이라는 직접적 증거를 어떻게 제시할 수 있겠는가?

여기에 그 자체로 좋은 것들을 모두 포함하는 포괄적인 정식(공리주의)이 있는데 그 밖의 다른 좋은 것들은 하나의 목적이 아니라 수단으로 본다고 하자. 그러면 그 정식(공식, formula)은 용인될 수도 있고 거부될 수도 있다. 그렇지만 그 정식은 일반적으로 증거에 의하여 이해되는 그런 것은 아니다. 그러나 우리는 그 정식의 용인이나 거부가 눈 먼 충동이나 임의적 선택에 달려 있다고 추론해서는 안 된다.

증거라는 단어에는 우리가 통상 생각하는 것보다 더 큰 의미가 들어 있다. 그래서 철학의 다른 논제들과 마찬가지로 공리주의는 증거에 의해 그 타당성이 증명될 수가 있다. 이 주제(공리주의)는 합리적 추론의 범위 내에 있다. 공리주의는 순전히 직관의 형식으로만 증거 문제를 다루지는 않는다. 나는 여기에서 인간의 이성이 공리주의를 받아들이거나 아니면 거부할 때 참고할 수 있는 여러 가지 고려사항⁶을 제시할 수 있다. 나는 그것이 증거를 대신한다고 생각한다.

우리는 곧 그런 고려사항이 어떤 것들인지 살펴보게 될 것이다. 그런 사항들이 생활 속의 구체적 사례에 어떻게 적용되고, 어떤 합리적 근거가 있는지를 제시하여 사람들이 공리주의를 용인하거나 거부하는 자료로 삼게 할 것이다. 그러나 용인이든 거부든 먼저 공리주의라는 사상을 정확하게 이해하는 것이 선결 조건이다.

나는 공리주의의 의미에 대하여 사람들이 갖고 있는 불완전한 개념이 이 사상을 거부하게 만드는 주된 요인이라고 생각한다. 그런 오해를 불식시킬 수 있다면, 하다못해 그런 오해를 다소나마 줄일 수 있다면, 문제는 아주 간단해질 것이고 문제의 상당 부분이 해소될 것이다.

그래서 공리주의의 기준을 수용하도록 만드는 철학적 근거를 논의하기 전에, 나는 공리주의 자체에 대하여 몇 가지 구체적 사례를 들어가며 설명할 것이다. 공리주의가 무엇인지 분명하게 보여주고, 공리주의와 공리주의가 아닌 것을 서로 구분하고, 공리주의를 오해하거나 잘 모르는 데서 오는 여러 가지 실제적인 반대 의견들을 물리치고자 한다. 이와 같이 사전 작업을 한 후에는, 철학적 이론의 하나로 간주되는 공리주의를 좀 더 자세히 설명하고자 한다.

---

6 밀은 여기서 공리주의가 행복이라는 목적에 기여하고 또 행복을 성취하는 도구 노릇을 할 수 있는 것을 여러 고려사항이라고 완곡하게 표현하고 있다.

제2장

공리주의란 무엇인가

공리(utility, 효용··유용)를 옳고 그름의 기준으로 생각하면서, 그것(공리)을 쾌락의 정반대라는 제한적이면서 구어적인 의미로 사용하는 사람들이 있다. 그들에 대해서는 단지 그런 무지한 사람들이 있다고 말하는 것만으로 충분하리라 본다. 반면에 공리주의를 그와는 정반대의 관점에서 반대하는 철학자들도 있다. 이 철학자들을 앞에서 말한 무지한 사람들과 같은 부류로 혼동한다면 그들에게 실례가 될 것이다. 그렇지만 나는 그 철학자들이 어떻게 그런 황당한 오해를 품을 수 있는지 의아하다. 그 철학자들의 반대 이유는 더욱 놀라운 바가 있다. 공리는 쾌락의 정반대라고 비난하는 첫 번째 부류의 사람들과는 다르게, 공리주의란 결국 모든 것을 쾌락의 관점에서 보는 사상이라고 비난하고 있으니까 말이다. 이 공리주의와 쾌락에 대한 주장은 아주 흔한 공리주의 반대론이기도 하다.

어떤 유능한 저술가가 날카롭게 지적한 바 있듯이, 동일한 부류의 사람들, 때로는 똑같은 사람들이 공리주의 이론을 이렇게 비난한다. "공리라는 단어는 쾌락이라는 단어 앞에 놓이면 아주 무미건조하게 되어버리며, 반대로 쾌락이라는 단어는 공리 앞에 놓이면 너무 관능적이 되어버린다." 하지만 이 문제를 잘 아는 사람들은 다음 사실을 알고 있다. 공리주의를 주장한, 에피쿠로스[7]에서 벤담[8]에 이르는 철학자들은 공리를 쾌락과 뚜렷하게 대비되는 것으로 본 게 아니라, 공리를 쾌락(즉 고통으로부터의 면제)과 같은 것으로 보았다. 그들은 유익한 것 대 유쾌한 것, 유익한 것 대 장식적인 것, 이렇게 맞대응시킨 것이 아니라 유익이 곧 유쾌함이요 장식이라고, 즉 이 셋이 다 같은 것이라고 보았다.

그러나 다수의 작가들을 포함하는 일반 대중은 신문과 잡지에서, 그리고 각종 주장을 담은 중량감 있는 단행본에서 다음과 같은 천박한 오류를 저지르고 있다. 공리주의의 내용에 대해서는 아무것도 모르고 오로지 그 단어만 알고 있는 사람들이 습관적으로 이렇게 주장하고 있는 것이다. "공리주의는 구체적 형태의 쾌락, 가령 아름다움, 장식, 오락 등을 무시하거나 거부하는 사상이다." 그리하여 공리주의라는 단어는 이

---

7 도덕적 쾌락을 주장한 그리스의 철학자(기원전 341-270). 그는 인생의 목적을 행복이라고 규정했다. 행복의 원료는 아타락시아(ataraxia)인데, 정신적 평온함과 정신적·육체적 고통이 없는 상태를 가리킨다. 행복으로 가는 가장 큰 수단은 신중함인데, 이것은 미덕의 바탕이 되며 철학보다 더 소중한 것이다. 에피쿠로스는 이런 말도 남겼다. "우리는 현명하고, 고상하고, 정의롭게 살지 않는다면 즐거운(쾌락이 가득한) 생활을 할 수가 없다." 에피쿠로스(Epicurus)에서 나온 영어 단어 'epicure'는 음식물에 사치스러운 향락주의자, 섬세한 미식가, 식도락가 등의 뜻을 갖고 있는데, 이것이 와전되어 에피쿠로스주의자라고 하면 오로지 육체적 쾌락만을 추구하는 자로 오해되기에 이르렀다.

8 제러미 벤담(1748-1832). 영국의 철학자이며 공리주의의 제창자. J.S. 밀의 스승.

런 비난에 무지하게 오용될 뿐만 아니라, 때로는 '공리주의는 경박성이나 순간의 쾌락 등에 대하여 우월한 태도를 유지하는 것 같다' 운운하는 칭찬 아닌 칭찬을 듣기도 한다.

이런 왜곡된 의미로만 공리주의가 사용되어 널리 알려지는 바람에 새로 자라나는 세대는 이 단어를 오로지 그런 잘못된 뜻으로만 알게 된다. 공리주의라는 단어를 도입한 사람들은 여러 해 동안 그 단어를 사용하지 않아왔다. 그러다가 최근에 와서 다시 사용하게 되었는데 위에서 말한 의미의 왜곡으로부터 그 단어를 구제하는 데 도움이 되지 않을까 희망했기에 그러게 된 것이다.⁹

쾌락과 행복: 공리주의의 기본 전제

도덕의 밑바탕으로 〈공리〉 혹은 〈최대 행복 원리〉를 받아들이는 사상(공리주의)은 다음과 같이 주장한다: "어떤 행위가 행복을 증진시켜주는 것이라면 그 증진의 정도에 비례하여 옳은 행동이 되며, 만약 불행을 증진시켜주는 것이라면 그 증진의 정도에 비례하여 그른 행동이 된다."

여기서 말하는 행복은 어떤 의도된 쾌락이며, 고통이 없는 상태이다. 반면에 불행은 쾌락 없음과 고통을 의미한다. 공리주의의 도덕적 기준

---

9 나(J.S.밀)는 내가 이 단어를 처음 사용한 사람이라고 생각할 만한 이유를 갖고 있다. 공리주의는 내가 발명한 단어는 아니지만 골트 씨의 책 『교구 연대기』에서 슬쩍 지나가는 단어로 나오는 것을 차용해왔다. 여러 해 동안 전문 용어로 사용해오다가 나와 다른 사람들은 이 단어가 무슨 파벌의 배지(badge)나 표시처럼 보여서 점점 사용하지 않게 되었다. 하지만 이 단어는 여러 가지의 견해가 아니라 단 하나의 견해를 드러내는 명칭, 즉 어떤 기준을 적용하는 특정한 방식을 가리키는 것이 아니라 하나의 기준이 되는 공리를 가리키는 명칭으로는 편리한 점이 있다. 이 용어는 적절한 단어의 부재를 커버해주고, 여러 경우에서 지루한 완곡어법을 모면하게 해준다. —원주

에 대하여 명쾌한 그림을 제시하려면 이것보다 훨씬 더 많은 것을 설명해야 한다. 그러나 이런 보충 설명들은 이 공리주의라는 도덕 이론의 바탕이 되는 삶의 이론에 영향을 미치지 못한다. 그 삶의 이론은 이러하다. 즉, 고통 없음과 쾌락은 삶의 목적으로서 바람직한 유일한 것들이다. 모든 바람직한 것들(다른 철학의 입장에서와 마찬가지로 공리주의에서도 바람직한 것은 아주 많다)은 그것 자체에 들어 있는 쾌락 때문에 바람직하고, 또 고통 없음과 쾌락을 약속하는 수단이기에 바람직하다.

그런데 이런 삶의 이론이 어떤 사람들에게는 지독한 혐오감을 불러일으킨다. 특히 인생의 목적을 고상한 것이라고 생각하는 사람들에게는 이런 공리주의가 더욱 못마땅하게 보인다. 그들이 표현하는 바에 따르면, 공리주의는 인생의 목적을 쾌락이라고 못 박으면서 그보다 더 낮고 더 고상한 욕망이나 목적을 인정하지 않는다. 그래서 그들은 공리주의가 아주 천박하고 저속한 사상이라고 매도한다. 그것은 돼지에게나 어울리는 사상이고, 철학의 아주 초창기 시절에 에피쿠로스를 추종하던 자들의 생각과 같다고 비난한다. 현대에 들어와 공리주의를 옹호하는 사람들은 독일, 프랑스, 영국의 반대자들로부터 그와 비슷한 대접을 받고 있다.

이런 식으로 공격을 받으면 에피쿠로스주의자들은 언제나 이런 대답을 내놓았다. 인간의 본성을 그렇게 나쁘게 본 것은 그들 자신이 아니다. 에피쿠로스의 사상을 비난하는 자들이 그런 식으로 보았을 뿐이다. 에피쿠로스주의를 비난하는 자들은 인간의 본성을 돼지의 본성과 같은 것으로 보아, 인간이 돼지가 느끼는 쾌락 이외에는 별도의 쾌락을 느끼지 못한다고 가정하기 때문에 그런 식으로 돼지 운운하며 비난한다. 만약 비난하는 자들이 정말로 인간과 돼지의 본성이 같다고 가정한다면, 에피쿠로스주의자들의 그런 비난에 반박할 수 없을 것이고, 그들의 비난은 더 이상 무고(誣告)가 아니게 된다. 쾌락의 원천이 인간에게나 돼지에게나 정확히 똑같은 것이라면, 인간에게 좋은 생활 규칙이 돼지에게도 역시 좋은 것이 되는 까닭이다. 에피쿠로스적인 생활과 돼지의 생활을 서로 같다고 비교하면 사람들은 심한 모욕을 느낀다. 왜 그럴까? 돼지가 느끼는 쾌락이 인간의 행복 개념을 충족시키지 못하기 때문이다.

에피쿠로스의 쾌락은 돼지의 쾌락이 아니다

인간은 동물적 욕구보다 훨씬 고상한 기능들을 가지고 있다. 인간이 일단 그런 기능들을 인식하게 되면, 그런 기능들을 충족시켜주는 것을 포함하지 않는 상태를 결코 행복이라고 여기지 않는다. 여기서 나는 공리주의의 원리로부터 그런 사상 체계를 도출해낸 에피쿠로스주의자들이 전혀 흠결이 없다고 말하려는 것은 아니다. 그 사상 체계가 온전하게 되려면 거기에다 스토아학파[10]의 요소와 기독교의 요소를 추가할 필요가 있다.

---

10 스토아학파는 아테네에서 키티움의 제논(BC 335~263)이 세운 학파이다. 이 학파는 논리학, 물리학, 윤리학의 3학문을 가르쳤는데 그중에서도 윤리학으로 명성을 떨쳤다. 그들은 미덕을 어떤 사물의 목적 혹은 완성으로 규정한다. 이런 미덕을 달성하기 위해 스토아 학파는 아파티아(apathia), 즉 달관(혹은 체념)을 가르친다. 이 아파티아에 도달하면 사람은 세상 속 자신의 상황을 있는 그대로 받아들이며 그 상황을 삼라만상의 궁극적 이성이 반영된 상태라고 보게 된다. 이성에 따라 산다는 것은 자신의 삶을 간소화한다는 의미다. 스토아학파는 세계 이성(world reason, 보편 이성)을 가르쳤는데 이 세계 이성이 우주의 일을 모두 통제한다고 보았다. 각 개인은 자신의 이성에 따라 살면 이 보편 이성과 일치하는 삶을 살게 된다. 스토아학파는 키케로 등 고대 로마인들에게 많은 영향을 미쳤으며, 특히 마르쿠스 아우렐리우스 황제의 『명상록』은 이 스토아 사상의 대표적 저서이다.

정신적 쾌락, 정서와 상상의 쾌락, 도덕 감정의 쾌락 등은 감각적 쾌락보다는 훨씬 더 높은 가치를 지니고 있는데, 에피쿠로스의 인생 이론은 그런 쾌락들을 높이 평가하고 있다. 일반적으로 보아, 공리주의 저술가들은 신체적 쾌락보다는 정신적 쾌락을 더 우위에 놓는다. 이렇게 하는 이유는 정신적 쾌락이 신체적 쾌락보다 더 항구적이고, 더 안전하고, 비용도 덜 들기 때문이다. 다시 말해, 정신적 쾌락은 그 본질적 특성보다는 상황적 특성에서 우위를 점한다.[11]

그리고 이 모든 점들에서 공리주의자들은 그들의 주장을 증명했다. 하지만 공리주의자들은 그보다 더 높은 수준의 주장을 아주 일관되게 고수할 수도 있었는데 아쉽게도 그렇게 하지 않았다. 무슨 주장인가 하면, 어떤 종류의 쾌락들은 다른 쾌락들에 비해 더 바람직하고 더 가치있다는 사실과, 공리의 원리(공리주의)가 서로 양립할 수 있다는 것이다. 우리는 사물을 측정할 때 그 양과 그 질을 동시에 고려하는 것이 합당하다고 생각한다. 그러니 쾌락을 측정하는 데 있어서 오로지 수량에만 의존한다면 아주 어리석은 일이 될 것이다.

누군가가 나에게 이렇게 물어본다고 하자. "쾌락에도 질적 차이가 있다는 건 무슨 뜻인가? 어떤 쾌락이 다른 쾌락보다 더 가치가 있다는 것은, 결국 그 쾌락의 수량이 더 크기 때문에 가치가 더 큰 게 아닌가?" 이런 질문에 대하여 가능한 대답은 하나뿐이다.

여기에 갑이라는 쾌락과 을이라는 쾌락 두 가지가 있다. 그런데 갑과

---

11 정신적 쾌락은 일정하게 정해져 있는 것이 아니라 사람마다 다르다는 뜻. 가령 빵을 먹으면 누구나 배부르지만, 셰익스피어 희곡을 읽고서 누구나 즐거움(쾌락)을 느낄 수 있는 것은 아니다.

을을 모두 경험한 모든 사람 혹은 거의 모든 사람이, 왜 그것을 더 좋아해야 하는지 등의 도덕적 의무감과는 무관하게, 갑을 더 좋아한다고 해보자. 그렇다면 갑이 둘 중에 더 바람직한 쾌락이 된다. 더 나아가 갑을 좋아하게 되면 불만 요소가 생길 가능성이 있고, 을이 제공하는 쾌락의 양이 많다고 하더라도 그것을 무시하고 갑을 선택한다고 해보자. 이처럼 갑과 을을 다 아는 사람들이 압도적으로 갑을 선호한다면 갑의 질적인 우수함이 그런 선택을 유도했다고 보아야 한다. 그들은 질을 더 중시하여 을이 제공하는 양은 그리 중요하지 않다고 보는 것이다.

불만족한 소크라테스와 만족하는 바보

따라서 쾌락의 양과 질을 똑같이 잘 알고 평가하고 즐길 능력이 있는 사람이라면, 그의 더 높은 기능을 필요로 하는 존재 방식을 뚜렷하게 선호하리라는 점은 의심의 여지가 없다. 짐승의 쾌락을 온전히 보장받는다고 해서 인간 이하의 하급 동물로 변신하는 데 동의할 사람은 없다. 지성인이라면 바보가 되는 일에 동의하지 않을 것이고, 교양 있는 사람이라면 일자무식이 되기를 원하지 않을 것이며, 정감(feeling)과 양심을 갖춘 사람이라면 이기적이거나 야비한 행동을 하지 않을 것이다. 설사 지성인들이 자신들은 스스로의 상황에 불만족한 반면에 바보, 일자무식, 악당은 각자 그들의 상황에 만족하고 있다는 것을 분명히 안다손 치더라도, 여전히 그들은 바보, 일자무식, 악당 노릇을 거부할 것이다. 설사 지성인들이 그런 바보, 일자무식, 악당과 공통적으로 갖고 있는 욕망이 온전히 다 충족된다 할지라도, 그런 충족을 얻기 위해 그들이 그런 사람보다 더 많이 가지고 있는 기능을 포기하지 않을 것이다.

만약 그들이 혹시라도 포기할 생각을 한다면, 그것은 아주 극단적인 불행 때문일 것이다. 그들은 그 불행을 너무나 벗어나고 싶어서 그들의 운명을 다른 것과 맞바꾸려고 하는 것일 게다. 설사 그것이 그들의 눈에는 바람직하지 않더라도 말이다. 열등한 사람들보다 더 높은 기능을 갖고 있는 사람은 행복해지려면 더 많은 것을 필요로 하며, 남들보다 더 날카로운 고통을 감내할 수 있어야 하고, 때로는 여러 지점에서 고통을 받아들일 생각을 해야 한다. 이런 여러 가지 어려움에도 불구하고, 지성인은 그가 보기에 낮은 등급의 존재로 추락하는 것을 결코 원하지 않는다.

우리는 이런 완강한 거부의 태도에 대하여 우리 좋을 대로 명칭을 붙여볼 수 있다. 가령 그것을 자부심(pride)이라고 부를 수 있다. 그런데 인간이 품을 수 있는 몇몇 감정들 혹은 그리 고상하지 못한 감정에 이 자부심이라는 용어가 적용되기도 한다. 또 우리는 그런 태도에 대하여 자유에 대한 사랑과 개인적 독립이라는 명칭을 붙여볼 수 있다. 일찍이 스토아학파는 자유와 독립을 함양하는 데에는 자부심이 가장 효율적인 수단이라고 가르친 바 있다. 혹은 권력에 대한 사랑이나 흥분에 대한 사랑이라고 부를 수도 있는데, 권력이나 흥분은 실제로 그런 자부심을 만들어내는 데 기여한다.

하지만 그런 거부의 태도를 가장 잘 설명해주는 용어는 아무래도 품위(위엄, dignity)가 아닐까 한다. 모든 인간은 이런저런 형태로 자기 자신의 품위를 인식한다. 그리고 어떤 사람들의 경우에는 그들의 높은 기능에도 불구하고 그에 비례하는 품위를 갖추지 못하기도 한다. 아무튼 이 품위가 사람들의 행복 중 필수적인 부분이다. 어떤 사람들은 품위가 아주 강하여 그런 개인의 품위와 배치되는 것들은 전혀 그들의 욕망의 대상이 되지 못한다(비록 일시적으로 욕망할 수는 있으나 곧 내려놓는다).

이런 품위를 선호하는 태도가 행복을 희생시켜서 얻는 것이라고 생각하는 사람이 있다면, 즉 우월한 사람은 다른 상황들이 동일하다면 열등한 사람보다 덜 행복하다고 생각한다면, 그 사람은 아주 다른 두 가지 개념, 즉 행복과 만족을 혼동하고 있는 것이다. 물론 쾌락을 즐기는 능력이 저급한 사람은 그런 능력을 충족시킬 수 있는 최대한의 기회를 갖고 있다. 반면에 뛰어난 재능을 가지고 태어난 사람은 그가 찾고 있는 행복은, 현재 세상이 돌아가는 꼴로 보아, 절대 온전한 행복이 될 수 없고 불완전한 행복이 되고 말 거라고 느낀다. 그렇지만 그는 그 불완전함이 참을 만한 것이라면 그것을 참는 방법을 알아낼 것이다. 그리고 뛰어난 재능의 사람은 그런 불완전함이 이 세상에 존재한다고 해서 욕망에 충실한 저급한 사람을 부러워하지 않는다. 저급한 사람은 그런 불완전함을 전혀 의식하지 못할 뿐만 아니라, 그것을 의식하는 데서 나오는 선(善)을 전혀 느끼지 못하기 때문이다. 만족한 돼지보다는 불만족한 인간이 되는 것이 더 낫다. 만족하는 바보보다는 불만족한 소크라테스가 되는 것이 더 낫다. 만약 그 바보 혹은 돼지가 이런 주장에 대하여 다른 의견을 갖고 있다면, 그들이 문제를 자기들의 입장이나 관점에서만 바라보기 때문에 그렇다. 반면 비교의 대상이 되는 다른 사람(뛰어난 재능의 사람)은 문제의 양쪽을 본다.[12]

---

12 이 문단은 밀과 해리엇의 관계를 감안해 보면 좋을 듯하다. 밀은 유부녀 해리엇을 사랑했다. 그가 저급한 쾌락을 추구했다면 그 쾌락을 얻을 수도 있었을 것이다. 하지만 그보다는 여자의 자유로운 이혼을 허용하지 않는 빅토리아 시대의 관습을 깊이 생각하여 「여성의 종속」이라는 논문으로 승화시켰다. 밀은 해리엇에 대하여 불완전한 행복을 느꼈지만 그것으로부터 여성 해방이라는 더 좋은 선을 이끌어냈다.

고상한 쾌락 대 저급한 쾌락

그런데 여기서 이런 반론이 나올 수 있다.

"고상한 쾌락을 잘 아는 많은 사람들이 때때로 유혹을 받아서 저급한 쾌락을 앞세우고 고상한 쾌락은 뒤로 미루지 않는가?"

그렇다. 고상한 쾌락이 본질적으로 우수하다는 것을 잘 알면서도 사람은 유혹에 넘어간다. 인간은 종종 그 허약한 성격 때문에 저급한 쾌락의 가치가 더 떨어짐을 알면서도 그것을 선택한다. 이것은 정신적 쾌락 대 신체적 쾌락의 경우에만 그런 것이 아니고, 두 가지 신체적 쾌락 사이에서도 벌어지는 현상이다. 인간은 건강이 더 좋은 가치임을 완벽하게 알면서도 신체 건강을 해치는 감각적 쾌락들을 추구한다. 여기에서 혹자는 또 이런 반론을 제기할지 모른다.

"젊을 때에는 모든 고상한 것을 적극적으로 추구하던 사람도 나이가 들어가면서 게으름과 이기심에 빠지지 않는가?"

그렇다. 하지만 나는 그런 흔한 변화를 겪게 되는 사람들이 고상한 쾌락보다 저급한 쾌락을 더 좋아해서 그런 선택을 했다고 보지는 않는다. 내 생각에, 그처럼 나이 들어 저급한 쾌락에 몰두하는 사람들은 그 이전에도 이미 고상한 쾌락을 누릴 수 없었던 사람들이다.

고상한 감정을 느끼는 능력은 자연계에 비유해서 말해보자면 아주 가녀린 식물 같은 것으로서 잘 죽어버린다. 외부의 나쁜 영향으로 그렇게 되기도 하고 영양이 부족하여 시들어버리기도 한다. 그리하여 대부분의 젊은 사람들의 경우에, 그들이 사회 내에서 차지하고 있는 지위나 그들이 활동하고 있는 사회가 그런 능력을 발휘하도록 잘 도와주지 않는다면, 고상한 감정을 느끼는 능력은 신속하게 사라져버린다.

인간은 지적 감각을 상실하면 고상한 열망을 잃어버리게 된다. 왜냐하면 지적 능력을 훈련시킬 시간과 기회가 없으면 자동적으로 열망이 시들기 때문이다. 그리되면 인간은 저급한 쾌락에 몰두하게 된다. 그들이 그것을 특별히 좋아해서 그런 것이 아니라, 그것이 접근 가능한 유일한 것이고 좀 더 오래 즐길 수 있는 쾌락이기 때문이다. 고상한 쾌락과 저급한 쾌락을 둘 다 즐길 수 있는 사람이 진심으로 혹은 평온한 마음으로 저급한 쾌락을 더 좋아할 수 있을까? 그렇지 않으리라 본다. 물론 지난 모든 시대에 그 두 쾌락을 종합하려다가 공연히 힘만 빼고 주저앉은 사람들이 아주 많기는 하지만 말이다.

내 생각에, 두 쾌락을 모두 아는 유능한 재판관들이 내린 이러한 판결에 대해서는 상고(上告)가 불가능하다고 본다. 고상한 쾌락과 저급한 쾌락 중 어떤 것이 더 좋은가, 어떤 양태의 인간 존재가 인간의 감정에 더 호소하는가, 등의 질문에 대하여 그 질문의 도덕적 속성이나 결과는 논외로 할 때, 고상한 쾌락과 저급한 쾌락을 둘 다 아는 사람들이 내린 판결(만약 만장일치가 아니라면 그들의 다수 의견)이 최종 판결이 되어야 한다.

쾌락의 질에 대하여 내려진 이 판결을 받아들이는 데 망설임이 없어야 한다. 쾌락의 질은 물론이고 양에 대해서도 이 문제를 심리해줄 다른 재판소는 없기 때문이다. 두 개의 고통, 혹은 두 개의 쾌락 중 어떤 것이 더 고약하고 어떤 것이 더 짜릿한지 결론을 내려줄 기준으로서, 그 둘을 잘 아는 사람들이 내놓은 다수결 의견 말고 대체 무엇이 또 있을 수 있단 말인가?

고통도 여러 가지 고통이 있고 쾌락도 여러 가지 쾌락이 있어서 다 다르지만, 고통은 언제나 쾌락과는 아주 다른 것이다. 특정한 쾌락을 얻기 위해 특정한 고통을 대가로 지불해야 한다고 결정해주는 것은 무엇인가? 그것은 기존 경험자들의 느낌과 판단이다. 따라서 그들의 느낌과 판단이 이렇게 선언한다고 해보자.

"고상한 기능에서 나오는 쾌락은 인간의 (고상한 기능과는 무관한) 동물적 본성으로 느끼는 쾌락보다는, **그 종류**(고상한 쾌락 대 저급한 쾌락)에 있어서 더 선호되어야 한다. 단 여기서 쾌락의 강도는 논외로 한다."

나는 이 선언이 고상한 쾌락 대 저급한 쾌락의 문제에 관한 한 최종 판결로서 존경을 받아야 한다고 본다.

개인의 행복과 사회 전체의 행복

내가 지금껏 쾌락의 문제를 말해온 것은, 이 문제가 〈공리〉 혹은 〈행복〉이라는 아주 정당한 개념의 필수적 부분이라고 생각하고, 또 이 공리 혹은 행복이 인간 행동의 으뜸 원칙이라고 보기 때문이다. 하지만 이것은 공리주의적 기준을 설정하는 데 있어서 필수불가결한 조건은 아니다. 왜냐하면 그 기준은 행위자 자신의 최대 행복이 아니라 사회 구성원 전체의 최대 행복이기 때문이다.

어떤 고상한 성품의 소유자가 그런 성품 덕분에 늘 행복하다는 말에는 의문의 여지가 있을 수 있다. 하지만 그런 성품이 다른 사람들을 더 행복하게 만들고 그 결과로 사회 전체, 더 나아가 온 세상이 혜택을 본다는 것은 의심의 여지가 없다. 따라서 공리주의는 사회 전체의 고상한 성품을 전반적으로 향상시킬 때 비로소 그 목적을 달성한다. 물론 각 개인이 다른 사람들의 고상한 성품으로부터 혜택을 얻는데, 정작 그 개인은 행복에 관한 한, 자신의 성품이 가져오는 혜택으로부터 철저하게 배제되는 경우도 있을 것이다. 하지만 이런 예외적인 경우를 들면서 공리

주의를 반박하는 일은 그런 반박을 피상적인 것으로 만들 뿐이다.[13]

위에서 설명한 〈최대 행복의 원리〉에 의하면, 다른 모든 것들을 욕망하게(바람직하게) 만드는 궁극적 목적은 (개인 자신의 좋은 목적이든 혹은 남들의 좋은 목적이든 불문하고) 가능한 한 고통에서 면제되고, 양적으로나 질적으로나 즐거운 일이 많은 인생을 누리자는 것이다. 그 즐거움(쾌락)의 질을 평가하는 기준, 그 질과 양을 서로 대비시키는 기준은 인생에서 각종 체험을 할 기회가 많았고, 자의식과 자기 관찰의 습관이 함양되어 있고, 그리하여 가장 좋은 비교의 수단을 갖고 있는 사람들이 되어야 한다. 공리주의 사상에 의하면, 인간 행위의 목적이 되는 행복이 도덕의 기준이 되어야 한다. 따라서 행복은 인간 행위의 규칙이요 원칙으로 정의될 수 있다. 이것들을 잘 준수하면 지금껏 위에서 말해온 삶을 모든 인류가 확보할 수 있을 것이다. 그리고 인류뿐만 아니라, 우리 사회의 형편이 허용하는 한, 지각을 가지고 있는 모든 피조물[14]에게도 그런 삶을 허용해야 한다.

행복은 인생의 목적이 아니라는 반론

그런데 이런 공리주의의 원리에 반대하는 또 다른 부류의 반대자들이 있다. 그들은 이렇게 말한다.

---

13 구체적인 예를 들면 이러하다. 어린이 보호지역 법을 만들어 학교 주위에서 과속을 하지 못하게 한 것은 각 개인이 다른 사람들의 고상한 성품으로부터 혜택을 얻는 경우이다. 그러나 어떤 개인은 성격이 난폭하여 과속을 해서 사고를 내어 불행을 겪는다. 이런 난폭한 사람이 있다고 지적하면서 어린이 보호지역 법이 아무 소용없다고 반박한다면 그건 피상적인 반대라는 것이다.

14 그들 나름대로 고통을 느끼고, 살아가야 할 삶이 있는 개와 고양이 등 반려동물을 가리키는 것으로, 이는 밀이 요즘 유행하는 동물 보호 운동의 선구자임을 보여준다.

"행복은 인생과 인간 행위의 합리적 목표가 될 수 없다. 무엇보다도 그것은 획득하기가 불가능하기 때문이다. 도대체 당신들은 무슨 권리로 반드시 행복한 인생을 살고야 말겠다고 주장하고 나서는가?"

그러자 토머스 칼라일(Thomas Carlyle)[15]은 이 질문을 다음과 같이 멋지게 맞받았다.

"그렇다면 당신은 몇십 년 전에 무슨 권리가 있어서 이 세상에 태어났는가?"

공리주의에 반대하는 사람들은 또 이렇게 말한다.

"인간은 행복 **없이도** 살아나갈 수 있다. 모든 고상한 사람들은 이것을 느꼈다. 그들은 오로지 엔트자겐(Entsagen)[16]의 교훈을 체득함으로써 고상한 사람이 될 수 있었다. 그들은 이 달관의 교훈을 완벽하게 체득하여 실천하는 것이 모든 미덕의 시작이요 필요조건이라고 말했다."

이런 반대자들의 첫 번째 반대(행복은 획득 불가능)가 충분히 근거가 있는 것이었다면 문제의 핵심을 건드렸을 것이다. 만약 인간이 행복을 얻을 수 없다면, 행복의 획득은 도덕의 목표도 될 수 없고, 합리적 행위의 목표도 될 수 없을 것이다. 그러나 백 보 양보하여 그것이 사실이라 할지라도, 공리주의 사상에 대해서는 여전히 할 말이 남아 있다. 왜냐하면 공리는 행복의 추구뿐만 아니라 불행의 예방 및 완화도 목표로 삼고 있기 때문이다. 행복이 변덕스러워 잡을 수 없는 것이라도, 불행의 예방

---

15 밀과 동시대인인 토머스 칼라일(1795-1881)은 『의상철학(衣裳哲學)』(1836) 제2부 9장에서 밀의 견해를 옹호했다.

16 체념 혹은 달관을 의미하는 독일어. 기독교에서는 육욕을 포기하는 것을 의미하며, 괴테는 그 의미를 넓게 잡아서 이 세상과 관련된 모든 야망을 포기한다는 뜻으로 사용했다.

및 완화는 엄연히 필요하다. 활동의 범위도 넓은 데다 반드시 달성해야 할 필요성도 더욱 크다. 우리 인간이 그래도 삶을 살아볼 가치가 있다고 생각하고, 또 노발리스(Novalis)[17]가 말한 특정한 조건 아래에서의 동시다발적 자살행위를 피난처로 삼지 않는다면 말이다.

그러므로 인생의 행복은 불가능하다고 강력하게 주장한다면, 그 주장은 궤변이거나 최소한 과장이다. 만약 행복을 고도로 유쾌한 흥분의 지속적인 상태로 정의한다면 그런 행복은 분명 불가능하다. 짜릿한 쾌락의 상태는 순간적으로 지속될 뿐이다. 아니면 중간에 휴식이 있는 경우에는 몇 시간 혹은 며칠 동안 지속된다. 다시 말해 짜릿한 쾌락은 가끔 순간적으로 환하게 타오르는 불꽃이지, 항구적이고 안정적인 불길은 아니다. 이러한 점에 대해서는, 인생의 목적이 행복이라고 가르치는 철학자들 그리고 그런 철학을 반대하는 사람들도 다 잘 알고 있다.

공리주의 철학자들이 말하는 행복은 광적인 황홀함의 삶이 아니다. 몇 안 되는 일시적인 고통과 다수의 다양한 쾌락들로 이루어진 인생에서, 긍정이 부정을 압도하고, 전체 삶의 밑바탕으로서 인생이 제공할 수 있는 것 이상을 기대하지 않는 순간들, 바로 그런 순간들을 가리켜 행복이라고 하는 것이다. 이런 차분한 삶은, 운이 좋아 그것을 얻은 사람들에겐 언제나 행복한 인생이라고 명명할 수 있다. 그리고 이런 삶을 많은

---

17 독일의 낭만주의 시인(1772-1801). 14세의 소피와 사랑에 빠졌으나 그녀는 1797년 17세에 폐결핵으로 사망한다. 이 무렵 노발리스의 형도 병사하여 더욱 우울해진 시인은 자살을 고려하기도 했다. 그의 작품 중 여섯 편의 산문시로 된 「밤의 찬가」(1800)는 밤 즉 죽음을 노래한 것인데, 죽음을 하느님 앞의 더 높은 삶으로 들어가는 입구라고 생각했고, 자신이 죽은 후에 사랑하는 소피와 온 우주와 하나가 되는 신비를 경험하게 될 것이라고 노래했다. 시인의 중심 이미지는 푸른 꽃인데 이것은 독일 낭만주의의 상징이 되었다. 1798년 줄리라는 여성과 약혼했으나 결혼하지는 못하고 폐결핵으로 사망했다.

사람들이 누리고 있다. 그들의 평생을 통틀어서 상당히 긴 시간 동안 말이다. 하지만 현재의 비참한 교육과 비참한 사회 제도가 거의 모든 사람이 그런 삶을 획득하는 것을 가로막고 있다.

평온과 흥분: 만족의 두 요소

어쩌면 공리주의에 반대하는 사람들은 이런 의심을 할 수도 있을 것이다. 인간에게 행복을 인생의 목적으로 가르친다면 과연 인간이 그런 소박한 삶에 만족할 수 있을까? 하지만 많은 사람들이 그보다 훨씬 소박한 것으로도 만족하며 살아왔다. 만족하는 인생의 두 가지 주된 요소는 평온(tranquillity)과 흥분(excitement)인데, 이것만 가지고도 충분히 행복의 획득이라는 목적을 달성할 수 있는 것으로 증명되었다. 많은 사람들이 그들의 삶이 평온하면 아주 적은 쾌락으로도 만족을 느낀다. 그들의 삶이 흥분으로 가득하다면 상당한 고통에도 잘 견딘다. 대다수의 인간이 평온과 흥분 사이에서 적절히 균형을 잡는 삶을 살아가는 것이 전혀 불가능한 이야기는 아니다. 그 둘은 서로 완전히 떨어져 있는 것이 아니므로, 자연스럽게 결합될 수 있다. 그중 어느 하나(평온)가 지속되는 것은 다른 하나(흥분)를 느끼기 위한 준비가 되거나, 아니면 그것을 원하는 계기가 된다.

일정한 평온의 시기를 거친 후에 흥분을 바라지 않는 사람들이 있다면 그들은 나태가 악덕에 이른 경우이다. 흥분 뒤에 찾아오는 평온을 즐거움이라고 생각하는 것이 아니라 지루하고 답답하다고 생각하는 사람들은 일종의 흥분병 환자이다. 겉으로 보아 행복한 인생인 듯한 사람이 인생을 가치 있는 것으로 만들어주는 충분한 즐거움을 발견하지 못하는 이유는 무엇일까? 일반적으로 말해서, 그 원인은 남들을 전혀 배려하지 않고 오로지 자기 자신의 이익만 생각하기 때문이다. 공적이든 사적이든 애정이 없는 사람들은, 자신의 죽음으로 모든 이기적인 이해관계가 종료되는 순간이 오면 인생의 흥분이 확 축소되거나 아니면 그 가치가 급격히 위축되어버린다. 반면에 사후에 개인적 애정의 대상들을 남기는 사람, 인류의 집단 이익에 깊은 공감을 느끼는 사람, 이런 사람들은 죽음 바로 직전에서도 마치 건강과 청춘의 활력을 그대로 유지하고 있는 양 삶에 생생한 흥미를 느낀다.

이기심 다음으로 인생을 불만족스럽게 만드는 원인은 **정신적 능력을 개발하지 않는 것**이다. 잘 발달된 정신적 능력을 지닌 사람들은 자신의 인생을 둘러싼 모든 것에서 끊임없이 흥밋거리를 발견한다. 철학자들만을 말하는 것은 아니다. 열린 마음으로 지식의 원천을 받아들이고, 정신적 능력을 발휘하도록 상당한 교육을 받은 사람, 그런 일반적인 사람들을 말하는 것이다. 자연의 대상, 예술의 성취, 시가(詩歌)의 상상력, 역사적 사건, 과거와 현재의 인류의 생활 방식, 인류의 미래에 대한 전망, 이런 것들이 모두 그 사람들의 관심사이다.

물론 이런 것들에 대해서 전혀 무관심한 채로 살아가면서, 자신의 정신력의 천분의 1도 사용하지 않고 인생이 끝나는 사람도 있다. 이런 사람은 인생의 초창기부터 도덕적 감정이 없거나 주위의 사물들에 대하여 인간적 관심이 없으며, 그런 사물들에서 오로지 호기심만 해소하려 할 뿐이다.

문명국 사람의 자신감

이처럼 사색의 대상이 되는 사물들에게 충분한 관심을 갖도록 정신적 능력을 개발하는 것은 문명국에 태어난 모든 사람의 유산이 되어야 한다. 현재의 세상 사정을 살펴볼 때 이렇게 되지 못할 이유가 없다. 이기적인 자기중심주의자가 되어, 자신의 한심한 이기심을 충족시켜주는 것에만 관심이 있고, 그 이외의 것에 대해서는 전혀 공감이나 배려를 하지 않는 것이 반드시 인간의 유산이 되어야 할 이유가 없다. 심지어 지금 이 순간에도 그런 자기중심적 행위보다 더 우월한 것이 흔하게 발견되어, 인류가 앞으로 훌륭하게 될 수 있는 소질이 있다는 사실을 널리 증명하고 있다. 올바르게 성장한 사람이라면, 진정한 개인적 애정을 갖고 공동선에 성실한 관심을 얼마든지 쏟을 수 있다. 물론 사람에 따라 이런 관심의 강도는 다소 다를 수도 있을 것이다.

이 세상을 한번 둘러보라. 흥미로운 것이 너무나 많고, 즐길 수 있는 것이 너무나 많고, 시정해서 향상시켜야 할 것이 너무나 많다. 이런 세상에서, 어느 정도 도덕적·지적 소양을 갖춘 사람이라면 남들이 부러워할 만한 삶을 영위할 수 있다. 이런 사람은 자신의 능력 범위 내에 있는 행복의 원천을 활용하는 자유를 박탈당하지 않는 한, 또 생활 속의 해악이며 정신적·신체적 고통의 원천인 게으름, 질병, 불친절, 불성실, 사랑하는 대상의 때 이른 상실 등을 피할 수 있는 한, 틀림없이 부러워할 만한 삶을 살아낼 것이다.

그러므로 주된 문제는 이런 재앙들을 어떻게 대응할 것인가이다. 사실 아주 드문 행운이 아니고서는 그런 재앙들을 온전히 피할 수는 없다. 현실이 보여주듯 그런 재앙은 없앨 수가 없고, 더 나아가 눈에 띌 정도로 완화시키기도 어렵다.

그러나 평소 생각을 하면서 살아가는 사람이라면 다음의 사실을 의심하지 않을 것이다. 이 세상의 대부분의 해악은 없앨 수 있으며, 인간 사회가 계속 발전한다면 통제 가능한 범위로 축소시킬 수 있다. 고통의 대명사나 다름없는 가난은 사회의 지혜에 의하여 완전히 퇴치될 수 있다. 사회 구성원들의 양식과 배려가 적절히 결합되기만 한다면 말이다. 가장 다루기 어려운 난제들 중 하나인 질병도 좋은 신체적·정신적 교육과 유해한 환경의 적절한 단속을 통하여 상당한 수준으로까지 축소시킬 수 있다.

또 과학의 발전은 이런 혐오스러운 적수를 좀 더 직접적으로 정복할 수 있는 장래를 보장한다. 이런 방향으로의 발전은 우리를 단명의 위험으로부터 구제해줄 뿐만 아니라, 실은 이게 더 우리의 관심사인데, 우리의 행복에 아주 소중한 사람들의 목숨을 빼앗아가는 것들도 막아줄 것이다.

물론 운명은 변덕스럽고 세상이 돌아가는 모습에 대하여 실망도 많을 것이다. 하지만 우리가 갖게 되는 이런 느낌은 주로 무분별, 잘못 단속된 욕망, 나쁜 혹은 불완전한 사회 제도 등의 결과일 뿐이다. 간단히 말해서, 인간의 고통을 일으키는 주된 원천들은 상당 부분, 아니 거의 대부분 인간의 관심과 노력으로 정복될 수 있다. 물론 그런 고통의 원천을 제거하는 작업은 한심할 정도로 느리게 진행되고 있다. 그리하여 고통의 원천이 정복되기까지 오랫동안 여러 세대들이 투쟁하다가 죽어갈 것이다. 하지만 인간의 의지와 지식이 충분히 갖추어진다면 세상은 발전할 것이고 또 결과적으로는 쉽게 목표가 달성될 수도 있다.

그리고 그런 투쟁 과정에서 지적이고 관대한 사람들이 아무리 작고 시시한 기여라도 일정 부분 참여한다면, 그 투쟁으로부터 고상한 즐거움을 얻을 수 있을 것이다. 그들은 이기적 탐닉이라는 뇌물을 아무리 많이 준다고 해도 그런 투쟁을 하지 않으면서 살아가는 생활에 동의하지 않을 것이다.

자기의 행복 대 타인의 행복

이렇게 하여 우리는 공리주의 반대자들이 말하는 행복 없이 살아가기의 가능성과 의무를 올바르게 평가할 수 있게 되었다. 물론 행복 없이 살아가는 것은 얼마든지 가능하다. 인간은 20명 중 19명이 비자발적으로(본의 아니게) 그런 삶을 살아가고 있다. 심지어 오늘날의 세계에서, 야만에 가장 덜 물든 지역의 일부 사람들조차도 그렇게 살고 있다. 그러나 영웅이나 순교자는 자발적으로 행복 없는 삶을 선택한다. 그들이 이렇게 하는 이유는 자기의 행복보다는 다른 어떤 것을 더 소중하게 여기기 때문이다. 그런데 그 어떤 것이 타인의 행복 혹은 행복의 어떤 필수 요건이 아니라면 과연 무엇이겠는가?

자기 몫의 행복 혹은 행복의 가능성을 온전히 포기하는 행위는 고상하다. 그러나 이런 자기희생은 반드시 어떤 목적에 봉사해야 하며 희생 그 자체가 목적은 아니다. 누군가는 이렇게 말한다.

"그런 자기희생의 목적은 행복이 아니라 행복보다 더 좋은 미덕이라는 것이다."

그렇다면 나는 이렇게 묻고 싶어진다.

"영웅이나 순교자가 그런 희생이 남들을 그와 유사한 희생으로부터 면제시켜준다고 생각하지 않았더라면 과연 그런 행위를 했을까?"

"영웅이나 순교자가 자신의 행복 포기가 남들에게 아무런 유익한 결과를 가져다주지 못하고, 남들의 삶을 그의 삶과 똑같은 것으로 만들어 남들도 행복을 포기하는 입장에 놓이게 한다고 생각했다면, 과연 그런 행위를 했을까?"

개인적 삶의 즐거움을 포기한 사람들에게 영예가 돌아가는 경우는 그런 포기 행위로 인하여 그들이 이 세상 행복의 총량을 더욱 크게 하는

데 유의미하게 기여했을 때뿐이다. 그런 자기희생을 하는 사람, 혹은 하겠다고 선언하는 사람이 타인의 행복 이외에 다른 목적으로 그런 행위를 한다면, 둥그런 기둥의 꼭대기에 올라가서 자기만의 구원을 위해 금욕하는 고행자[18]의 행위만큼이나 존경받을 만한 일이 되지 못한다. 그는 **인간이 할 수 있는** 행위를 멋지게 증명하기는 했지만, 인간이 **반드시 해야 하는** 행위의 모범 사례는 아닌 것이다.

어떤 사람이 자신의 행복을 희생함으로써 남들의 행복에 가장 잘 봉사할 수 있다면, 분명 이 세상의 제도가 불완전한 상태임을 잘 보여주는 사례일 것이다. 하지만 세상이 그런 불완전한 상태로 남아 있는 한, 그런 희생은 인간에게서 발견될 수 있는 가장 높은 미덕이라는 것을 나는 전적으로 인정한다. 나는 또 이런 말도 덧붙이고 싶다.

현재의 세상과 같은 조건 아래에서 이런 주장은 역설적으로 들리겠지만, 행복 없이도 살아가기 위한 자발적인 노력이야말로 오히려 행복의 실현 가능성을 가장 뚜렷하게 제시한다. 왜냐하면 자발적 의지야말로 인간이 삶의 우연한 요소를 극복하게 만드는 힘이기 때문이다. 그런 의지가 있는 사람은 '운명과 요행이 내게 최악을 가져온다 할지라도 결코 나를 패배시키지는 못한다'라고 생각한다. 이런 사람은 인생의 해악에 대

---

18 시리아의 고행 수도사 시메온(390-459)을 가리킨다. 그는 일명 기둥 은수사(隱修士)라고 한다. 처음에는 알레포 북서쪽에서 2미터 높이의 기둥에 올라가 그 위에 앉아 고행을 했으나 나중에는 기둥의 높이를 15미터까지 높였다. 추락을 방지하기 위해 기둥 꼭대기 주위에는 난간이 설치되어 있었다. 그는 평생을 그 기둥 꼭대기에서 풍찬노숙하며 살았다. 그 좁은 지역에 밤낮없이 앉거나 서 있었고 기둥에 마련된 작은 사다리로 기둥 아래쪽에 있는 사람들과 소통을 하거나, 제자들로부터 간단한 음식을 전달받았다. 마침내 그의 고행 기둥은 순례지가 되었고 그의 뒤를 이어 많은 유사 고행자들이 생겨났으며 19세기 러시아에 이르기까지 시메온류의 고행자들이 있었다.

한 근심으로부터 자유롭다. 그리하여 로마 제국 말기에 최악의 시대를 묵묵히 견디었던 스토아학파같이, 그에게 허용된 만족의 원천들을 평온한 마음으로 육성한다. 그는 또 그 원천들이 지속되는 기간이 불확실한 것에 대하여 근심하지 않고, 또 그것들이 언젠가는 끝난다는 사실에 대해서도 불안하게 여기지 않는다.

타인의 행복과 예수의 황금률

한편 공리주의자들은 스토아학파나 초월주의자들만큼이나 그들 자신에게도 자기헌신의 도덕을 논할 권리가 있다고 생각해야 한다. 공리주의 도덕은 인간의 내부에 있는, 남들의 선을 위해 자기의 최고선을 희생시키는 능력을 인정한다. 하지만 공리주의는 희생 그 자체가 선이라고는 인정하지 않는다. 행복의 총량을 높여주거나 높여줄 가능성이 없는 희생은 낭비라고 생각한다. 공리주의가 칭송하는 유일한 자기희생은 남들의 행복에 기여하거나 그런 행복을 가져올 수 있는 수단에 기여할 때뿐이다. 그 행복은 인류 전체의 행복일 수도 있고, 인류의 집단적 이해관계가 부과하는 범위 내에 있는 개인들의 행복일 수도 있다.

나는 여기서 되풀이하여 말한다. 공리주의를 공격하는 사람들은 부당하게도 결코 인정하지 않지만, 인간 행위의 옳음을 증명하는 공리주의의 기준(행복)은 행위자 자신의 행복이 아니라 그와 관련된 모든 사람의 행복이라는 사실이다. 공리주의는 어떤 행위자가 그 자신의 행복과 남들의 행복 사이에서, 공평무사하고 자비로운 구경꾼처럼 공정하게 행동하기를 요구한다. 우리는 나사렛 예수의 황금률[19]에서 온전한 공리주의 윤리의 정수를 발견한다. 남이 우리에게 해주기를 바라는 대로 행동하고 나의 이웃을 내 몸처럼 사랑하는 것, 이것이 공리주의 윤리의 완벽한 이상이다. 이러한 이상에 가장 가깝게 다가가는 수단으로, 공리주의는 다음 두 가지 사항을 실천할 것을 요구한다.

첫째, 사회의 법률과 제도는 모든 개인의 행복(혹은 좀 더 현실적으로 말해서 이해관계)을 사회 전체의 이해관계와 최대한 일치시키도록 해야 한다.

둘째, 인간의 성격에 엄청난 영향을 미치는 교육과 여론은, 그 막강한 힘을 사용하여 각 개인의 마음속에 개인의 행복과 사회 전체의 공동선은 서로 불가분의 관계에 있다는 굳건한 생각을 심어놓아야 한다. 좀 더 구체적으로 말하자면 이러하다. 각 개인의 행복은 보편적 행복이 요구하는 바 적극적이고 소극적인 온갖 행동 양식의 구체적 실천과 일치해야 한다.

이렇게 하면 각 개인은 공동선에 위배되는 행동으로 자신의 행복을 도모할 수 있다는 생각을 아예 하지 못하게 될 것이고, 공동선을 추진해야 한다는 적극적 생각을 동기 삼아 습관적으로 그렇게 행동하게 될

---

19 "남이 너희에게 해주기를 바라는 그대로 너희도 남에게 해주어라. 이것이 율법과 예언서의 정신이다."(마태복음 7장 12절) 이 말은 기원전 1세기의 유대인 랍비인 힐렐의 다음과 같은 말과 유사하다. "이웃의 입장이 되어보기 전까지는 이웃을 판단하지 말라. 네가 이웃으로부터 받고 싶지 않은 대접을 네 이웃에게 하지 말라. 이것이 가장 중요한 법률이다. 나머지 것들은 모두 각주에 불과하다." 중국의 공자도 『논어』 위령공편에서 이와 비슷한 말을 했다. "자신이 원하지 않는 일은 남에게 베풀지 말라." 군자가 한평생 가져야 할 마음은 남을 먼저 생각하는 것인데 이것이 한자로는 서(恕: 남을 헤아려 생각하다)이다. 내가 하고 싶지 않은 일, 내가 당하고 싶지 않은 일은 남에게 시키지 않는 것이다. 칸트는 자신의 정언명령이 이 황금률의 변주라고 생각했다.

것이다. 그리하여 이런 생각의 습관은 개인들의 지각 있는 생활 방식에서 아주 뚜렷하고 중요한 자리를 차지하게 될 것이다. 이렇게 된 상황에서, 공리주의 도덕을 반대하는 사람들이 그 도덕의 진정한 특성을 자신의 마음속에서 한번 곰곰이 생각해본다고 하자. 그러면 다른 도덕 사상이 추천하는 좋은 점들이 공리주의 도덕에도 빠짐없이 들어 있다는 점을 발견하게 될 것이다. 나는 다른 도덕 사상이라고 해서 공리주의보다 더 아름답고 고상하게 인간의 본성을 발전시켜준다고 보지 않는다. 또 다른 도덕 체계들이 제시하는 행동의 원천이 그 위력을 발휘하는 근거가 공리주의의 근거보다 더 위력적이라고 생각하지도 않는다.

공리주의는 비현실적이라는 반론

공리주의를 반대하는 사람들이 늘 이 사상의 나쁜 측면만 거론하는 것은 아니다. 공리주의의 공평무사한 특성을 객관적으로 파악한 사람들은 공리주의의 기준이 너무 높아서 비현실적이라는 비난을 한다. 그러니까 사람들이 언제나 사회의 공동선을 의식하면서 행동하기를 바라는 것은 개인에게 너무 많은 걸 요구하는 거라는 이야기이다. 그러나 이런 주장은 도덕의 기준이라는 의미를 오해한 것이고, 행동의 규칙과 행동의 동기를 혼동한 것이다.

윤리학은 우리에게 의무를 말해주고 또 어떤 기준으로 그것을 인식할 것인지 일러준다. 그러나 인간의 모든 행동 동기가 의무감이어야 한다고 말하는 윤리 체계는 없다. 오히려 인간의 행위 백 가지 중 99가지는 다른 동기에서 나오며, 의무감에 위배되지만 않는다면, 그 행위는 다 적절한 것이다. 이런 의무에 대한 오해를 공리주의에 반대하는 근거로 내세운다면 공리주의를 심히 불공정하게 대하는 셈이다. 특히 공리주의 사상가들이 다른 도덕 사상가들보다 더욱 힘주어서, 동기는 행위의 도덕과는 무관하고, 행위자의 가치와 깊은 관계가 있다고 말했기 때문이니 말이다.

가령 물에 빠진 자를 구해준 사람은 도덕적으로 옳은 일을 한 것이다. 그 동기가 의무감이었는지 혹은 그렇게 구해주고 돈을 받을 생각이었는지는 무관하다. 자기를 신임하는 친구를 배신한 자는 죄를 지은 것이다. 그 배신이, 더 큰 의무감을 느끼는 또 다른 친구를 위한 것일지라도 사정은 달라지지 않는다.[20]

---

20 이 문장과 관련하여 지성과 도덕을 겸비한 반대자(J. 류엘린 데이비스 목사)가 이런 반론을 폈다. "물론 물에 빠진 사람을 구하는 행위의 옳고 그름은 그 행위를 수행하는 동기에 달려 있다. 가령 이런 폭군을 한번 가상해보자. 그 폭군의 적수가 그로부터 달아나기 위해 바다에 뛰어들었다. 폭군이 그를 건져주었으나 적수에게 더 심한 고통을 가하기 위해 일부러 구해준 것이다. 이럴 경우 그 행위를 '도덕적으로 옳은 행위'라고 할 수 있을까? 또는 이런 경우를 생각해보자. 윤리학에서 자주 나오는 사례처럼, 어떤 사람이 친구의 신임을 배신하기는 했다. 하지만 그 신임을 이행하면 그 친구나 그 친구에게 속한 사람에게 치명적인 피해를 입히기 때문에 그런 것이다. 이럴 경우 공리주의자는 그 배신을 가장 비열한 동기에서 저질러진 것처럼 '범죄'라고 비난할 수 있을까?"

나는, 고문으로 죽이기 위해 물에 빠진 사람을 구해준 사람과 그냥 구해준 사람은 동기만 다른 것이 아니라 그 행위 자체도 다르다고 생각한다. 제시된 가상의 사례에서, 물에 빠진 사람을 구한 것은 그냥 물에 빠져 죽는 것보다 더 심한 고통을 가하기 위한 행위의 첫 번째 단계일 뿐이다. 만약 데이비스 씨가 '행위의 옳고 그름은 그 행위를 수행하는 동기에 달려 있다'라고 하지 않고 '그 행위를 수행하는 의도에 달려 있다'라고 말했더라면, 공리주의자들은 그의 말에 동의했을 것이다. 데이비스 씨는 너무나 흔해서 묵과할 수 없는 오류를 저질렀는데 바로 동기와 의도라는 개념을 혼동한 것이다. 공리주의 사상가들(특히 벤담)은 이 점을 강조하기 위해 특별히 애를 썼다. 행위의 도덕성은 의도, 즉 행위자가 가진 의도에 전적으로 달려 있다. 그러나 행위자로 하여금 그렇게 하고 싶다고 느끼게 하는 동기는 실제 행위에서 아무런 차이를 보이지 않을 때는 아무런 도덕도 구성하지 않는다. 하지만 동기는 우리가 그 행위자의 도덕성을 측정할 때는 중요한 감안 요소가 된다. 행위자의 좋거나 나쁜 습관적 기질을 보여주기 때문이다. 그런 기질에서 유익한 혹은 유해한 행위들이 나온다.—원주

하지만 의무의 동기, 원칙에 대한 직접적 복종심에서 행한 행동에 대해서만 이야기해보기로 하자. 공리주의의 사고방식이 온 세상 혹은 사회 전체에만 사람들의 생각을 고정시킬 것을 요구한다고 보는 관점은 오해이다. 대부분의 선량한 행동은 세상의 발전을 위한 것이 아니라 개인의 발전을 위한 것이다. 물론 이런 개인의 발전이 종합되면 자연히 사회가 발전한다. 이 경우 덕스러운 사람의 생각이 그 당사자의 이익 범위를 넘어서지 않는다. 단, 자기 생각대로 행동하여 다른 사람들의 권리 혹은 합법적이고 정당한 기대를 침해해서는 안 된다. 공리주의 윤리에 의하면 미덕의 목적은 행복의 증진이다. 어떤 개인이 대규모로 행복을 증진시키는 것, 달리 말해서 공익 사업가가 되는 것은 예외적인 일이다 (이런 사람은 천 명에 1명이 될까 말까 하다). 이런 사람이라면 공익을 깊이 생각할 만하다. 그 외의 개인들은 자신의 개인적 공리, 이해관계, 행복을 생각할 뿐이다. 자신의 행동으로 사회 전반에 영향을 미칠 수 있는 사람들만 습관적으로 그런 대대적인 목적에 대하여 깊이 생각한다.

금지된 행위들 즉 특정한 경우 혜택을 줄 수도 있으나 도덕적으로 고려했을 때 금지된 행위들[21]에 대하여, 지적인 행위자는 어떤 행동이 보편적으로 실천되면 사회에 해악을 주는 그런 부류라는 것을 의식한다. 이런 의식은 그런 행동을 하지 않게 하는 의무감의 근거가 된다. 공리주의가 강조하는, 공공 이익에 대한 배려의 강도는 다른 도덕 체계가 요구하는 것보다 특별히 더 크다고 할 수는 없다. 다른 도덕 체계들도 사회에 해악을 끼치는 행위를 금지하고 있기 때문이다.

---

21 가령 절도나 성폭행은 그 행위의 당사자에게는 혜택을 줄지 모르나, 사회 구성원 전체가 이런 행위를 한다면 사회는 온전히 유지되지 못한다.

공리주의는 냉담한 결과론이라는 반론

위와 같은 고려사항들은 또 다른 공리주의 반론을 물리치게 해준다. 이 반론은 도덕 기준의 목적과, 옳고 그름의 의미를 크게 오해하여 생겨났다. 즉, 공리주의가 사람을 냉정하고 동정심 없는 존재로 만든다고 비난하는 것이다. 공리주의가 사람들의 도덕적 감정을 얼어붙게 만들고, 어떤 행동의 결과만 무미건조하고 냉담하게 생각하고, 어떤 행동의 질적인 측면은 전혀 고려하지 않는다는 것이다.

이렇게 비난하는 사람들은 어떤 행동의 옳고 그름을 판단할 때 그 행위를 하는 사람의 성품에 대하여 그들이 갖고 있는 의견을 전혀 감안하지 않는다는 말인가?

만약 그렇다면 그들은 공리주의를 반대하는 것이 아니라 도덕의 기준을 설정한 것 자체에 반대하는 셈이다. 물론 기존의 윤리 기준은 어떤 행동의 선악을 따질 때, 그 행위자의 선악에 따라 판단하지 않고, 더욱이 그 행위자가 다정하고 용감하고 인자한 사람이었다고 해서 자동적으로 어떤 행동이 선하다고 판단하지도 않는다. 그런 고려사항들은 어떤 행위의 선악을 판단할 때에는 무관한 것이고 행위자의 선악을 판단할 때에나 관련이 된다. 어떤 행위의 옳고 그름 이외에 행위자의 성품도 사람들의 관심을 끄는 사실인데, 공리주의 이론 중에 이런 사실과 모순되는 점은 전혀 없다.

실제로 스토아학파는 미덕을 갖춘 자는 모든 것을 가진 자라고 말하기를 좋아한다. 이 학파는 언어를 역설적으로 오용하는데(이게 그들의 사상 체계 중 일부이다), 그런 언어를 동원하여 세상의 모든 것을 초월하려고 노력한다.[22] 그리하여 미덕을 갖춘 사람만이 유일하게 부자이고 미인이고 왕이라고 말한다. 그러나 공리주의자는 덕을 갖춘 사람에 대하여 이런 식의 주장을 하지 않는다. 공리주의자는 미덕 이외에 다른 바람직한 자질과 품성이 있다는 점을 잘 알고, 그런 자질과 품성에 각각의 가치를 인정한다. 또 올바른 행동이 반드시 미덕의 성품을 보여주는 것도 아님을 알고 있고, 또 비난받을 만한 행동이 때때로 칭찬받아 마땅한 성품의 소유자로부터 나온다는 점도 안다.

어떤 특정한 사례에서 행동과 성품의 불일치가 분명하게 드러나므로, 공리주의자는 이런 사실을 감안하면서 어떤 행동이 아니라 그 행동을 하는 사람을 평가한다. 하지만 사정이 이런데도 불구하고 공리주의자는 장기적으로 볼 때 좋은 성품이야말로 좋은 행동의 최고 보증 수표라고 생각한다. 그렇지만 어떤 성품의 주도적 경향이 나쁜 행위를 하게 만든다면 그 성품을 좋은 것으로 보지 않는다. 이것 때문에 공리주의자들은 많은 사람에게 인기가 없다. 하지만 이것은 옳고 그름을 진지하게 구분하는 모든 사람들과 함께 공리주의자가 공유해야 할 인기 없음이다. 그래서 양심적인 공리주의자는 그런 인기 없음을 굳이 불식시키려 하지 않는다.

그런데 공리주의를 결과론이라고 비난하는 사람들이 이런 뜻이었다고 해보자.

'많은 공리주의자들이 어떤 행동의 도덕을 공리주의적 기준으로 측정

---

22 스토아학파는 아파테이아, 로고스, 프뉴마, 코스모폴리스 등의 단어로 세상을 설명하면서 미덕이 가장 으뜸가는 도덕이라고 가르치는데, 경험론자인 밀은 이런 어휘가 모두 언어(단어)일 뿐, 그에 상응하는 실체가 있는지는 알 수 없다고 보아 이렇게 말하고 있다.

하고, 너무 배타적인 시각을 가진 나머지, 인간을 사랑스러운 사람 혹은 존경할 만한 사람으로 만들어주는 다른 성격적 미덕들에 대해서는 충분히 강조하지 않는다.'

반대자들이 정말로 이런 뜻이었다면 그 주장은 받아들일 만하다. 자신의 도덕적 감정만 함양하면서 동정심이나 예술적 감수성 등은 계발하지 않은 공리주의자들은 그런 실수를 저지른다. 하지만 다른 도덕 사상을 가진 사람들도 도덕만 강조하다보면 똑같은 실수를 저지르기는 마찬가지이다. 그러니 다른 도덕주의자에게 통하는 변명이라면 공리주의자에게도 똑같이 통할 수 있다. 따라서 공리주의자가 실수를 저지르게 된다면 차라리 이렇게 도덕적 감정을 함양하다가 실수하는 것이 더 좋은 일이다.

물론 다른 도덕주의자들도 그렇지만 공리주의자들 사이에서도, 도덕의 기준을 적용하는 데 있어서 그 경직성과 신축성이 천차만별이다. 어떤 사람은 청교도처럼 아주 엄격한가 하면, 어떤 사람은 죄인이나 감상주의자가 반길 만큼 아주 느슨하다.

그러나 전반적으로 볼 때, 도덕법을 위반하는 행위를 억압 혹은 예방하는데 주력하는 도덕 이론은 그런 위반 행위에 여론의 제재를 집중시키는 일에 아주 능하다. 그러면 여기서 당연히 이런 질문이 나오게 된다. "도덕법을 위반하는 행위란 무엇인가?"

그런데 기존의 도덕 기준들이 서로 다르다는 것을 아는 사람이라면 이 질문에 대한 답변은 때때로 달라진다는 것을 안다. 이러한 도덕 기준에 대한 의견 차이는 공리주의가 이 세상에 처음 소개한 사항은 아니다. 그렇지만 공리주의 이론은 그런 의견 차이를 해결하는(물론 이것은 늘 어려운 문제이기는 하지만) 구체적이면서도 합리적인 방식을 제시했다.

공리주의는 무신론이라는 반론

공리주의 윤리에 대한 공통적인 오해들을 몇 가지 더 소개한다고 해서 쓸모없는 일은 아닐 것이다. 어떤 오해는 너무나 명백하고 황당한 나머지 정직하고 합리적인 사람이 어떻게 저런 오해를 할 수 있을까 싶은 경우도 있다.

그렇지만 상당한 정신적 자질을 갖춘 사람들도 그들이 편견을 품고 있는 어떤 의견의 의미를 파악하는 일에는 아주 소홀하다. 일반적으로 말해서 사람들은 이런 자발적 무지(無知)가 성격적 결함이라는 점을 거의 의식하지 못한다. 그래서 높은 학식과 철학을 자부하는 사람들의 꼼꼼한 문장 속에서도 윤리 사상에 대한 아주 황당한 오해의 사례가 발견된다.

우리는 공리주의가 무신론이라는 비난을 종종 듣는다. 그저 짐작에 불과한 이런 비난에 대해서 뭔가 대꾸를 해야 한다면 이렇게 말하고 싶다. 이 문제는 우리 공리주의자들이 신성(神性)의 도덕적 특성에 대하여 어떤 생각을 갖고 있는지와 관련된다. 만약 하느님이 무엇보다 피조물의 행복을 원하고, 또 그것이 천지창조의 목적이라면, 공리주의는 무신론이 아닐 뿐만 아니라 그 어떤 도덕 사상보다 더 종교적인 이론이라고 할 수 있다.

공리주의가 하느님의 계시된 의지를 지고한 도덕법으로 인정하지 않는다고 비난한다면, 나는 이렇게 대답하겠다. 하느님의 지혜와 선하심을 믿는 공리주의자는 도덕의 문제와 관련하여 하느님이 계시한 것을 철저히 믿는 사람이며, 따라서 공리의 필수 사항들을 철저히 이행하는 사람이다.

그러나 공리주의자가 아닌 사람들은 이런 의견을 갖고 있다. 기독교의 계시는 인류의 마음에다 성령을 불어넣기 위한 것이다. 이 성령 덕분에 사람들은 무엇이 옳은 것인지 발견하게 되고, 또 그 옳은 것을 발견하면 실천하고 싶은 마음이 든다. 그러나 기독교의 계시는 무엇이 옳은지에 대해서는 원론적으로만 말하고 있으므로, 여기서 윤리 사상이 필요해진다.

이런 비(非)공리주의자들의 의견이 정확한 것인지 아닌지를 여기서 논하는 것은 불필요하다고 생각한다. 자연종교든 계시종교든 종교의 가르침이 윤리 탐구에 도움을 준다는 사실은 다른 윤리 사상가들 못지않게 공리주의자들도 받아들일 수 있다. 공리주의자는 종교의 가르침을 어떤 특정한 행동의 유익함 혹은 유해함에 대한 하느님의 증언으로 활용할 수 있고, 또 다른 윤리 사상가들 못지않게 종교의 가르침과 종교법을 유익함이나 행복과는 무관한 초월법의 증거로 받아들일 수도 있다.[23]

공리주의는 편의론이라는 반론

또 공리주의는 편의론(Expediency)의 외피를 뒤집어쓴 부도덕한 이론이라는 비난을 받고 있다. 반대자들은 편의가 원리(Principle)와는 대조된다는 대중적 의미를 가져와서 공리주의에 적용한다. 이 경우 편의는 옳음과는 대립되는 것으로서, 어떤 행위자 자신의 특수한 이해관계에 동원된 것을 가리킨다. 가령 정부의 장관이 국가의 장래보다는 장관 개인

---

23 밀은 경험론자이면서 종교적으로는 불가지론자였다. 따라서 밀은 초자연적인 존재를 믿지 않았다. 그는 네 이웃을 네 몸같이 사랑하라는 기독교의 가르침은 훌륭한 도덕이라고 보았으나 신의 섭리가 역사와 인간의 삶을 지배한다는 기독교의 가르침은 믿지 않았다. 이 문장은 이러한 밀의 사상을 담고 있다. 어떤 특정한 행동의 유익함은 곧 "네 이웃을 사랑하라"를 가리키고, 초월법은 곧 신의 섭리를 말한다.

의 이익을 위해서 행동하는 경우다.

이보다 더 좋은 의미의 편의는 이런 것이다. 어떤 즉각적인 목적 혹은 일시적인 목적의 달성을 위해서는 유용하지만, 장기적으로 보면 더 많은 유익함을 낼 수 있는 규칙을 위반하는 것이다. 이런 의미에서 볼 때 편의는 유익함이 아니라 유해함의 한 종류가 된다.[24] 일시적인 난처함을 모면하고, 우리 자신이나 남들에게 즉각적으로 유익한 어떤 목적을 달성하기 위해 거짓말을 하는 것은 편의를 따르는 일이다.

그런데 우리가 진실함의 감각을 함양하는 것은 아주 유익한 일인 반면에 그런 감각이 퇴화되는 것은 아주 유해한 일이다. 이때 우리의 행동이 유익함과 유해함을 가져오는 수단이 되는 것이다. 비록 의도하지 않은 것일지라도 진실에서의 이탈은 사람의 신용을 떨어트리는 수단이 된다. 사람들 사이의 신용은 현재 사회적 복지의 주된 버팀목이기에, 신용의 저하는 그 무엇보다도 나쁜 영향을 미친다. 가령 문명과 미덕 등 인간의 행복에 크게 기여하는 모든 것을 퇴화시킨다. 그러니 우리는 이렇게 생각해야 마땅하다. 지금 당장의 이익을 위해 이런 초월적 편의(문명과 미덕)의 규칙을 위반하는 것은 결코 편의를 주지 못한다. 자기 자신이나 다른 어떤 사람들의 편의를 위해, 사람들이 상대방의 정직한 발언을 믿어주는 신뢰도를 크든 작든 해치는 사람은 결과적으로 인류에게서 선량함을 빼앗고 해악을 가하는 사람이 되며, 곧 인류에게 최고의 악당이 된다.

---

24 구체적인 사례는 이러하다. 국민연금의 개혁은 각 나라마다 심각한 문제인데, 당대의 정권이 편의(인기의 유지)를 따라서 개혁을 하지 않으면 일시적인 효과는 거둘 수 있으나 장기적으로는 후대에 엄청난 부담을 안겨주는 유해한 행위가 된다.

그러나 이 정직함이라는 규칙이 신성한 것이기는 하지만, 모든 도덕주의자들은 예외를 허용한다. 그런 예외의 대표적 사례를 들어보면 이러하다. (범죄자에게 관련 정보를 감추거나 아주 아픈 사람에게 나쁜 소식을 감추는 것처럼) 특정 사실을 감추는 것이 어떤 사람(감추는 본인이 아닌 다른 사람)을 아주 엄청난 해악으로부터 구제해줄 수 있을 때, 그 사실을 부인하면서 감추는 것이다. 그러나 이런 예외가 필요 이상으로 확대 적용되지 않고 또 진실에 대한 믿음을 약화시키지 않게 하기 위해, 그런 예외의 한계가 분명하게 규정되어야 한다. 공리주의가 좋은 것이 되려면, 이런 서로 갈등하는 공리들(효용가치)의 경중을 따지는 역할을 훌륭히 수행하면서 갑이라는 공리 혹은 을이라는 공리 중 어떤 것이 더 중시되는지 그 영역을 명확히 표시할 수 있어야 한다.

행복과 행위는 무관하다는 반론

공리주의를 옹호하는 사람들은 이런 반론에도 대답하기를 강요당한다. 그 반론은 이러하다.

"어떤 행동을 하기에 앞서서 그 행동이 사회의 전반적 행복에 어떤 영향을 미칠 것인지 미리 계산하고 무게를 달아보라는 이야기인데, 그렇게 하기에는 너무 시간이 없지 않은가?"

이 질문은 이렇게 말하는 것과 같다.

"우리의 행동을 기독교의 가르침에 의거하여 인도하기란 불가능하다. 왜냐하면 어떤 행동을 해야 할 때마다 그 전에 구약성경과 신약성경을 샅샅이 읽어보아야 하기 때문이다."

그렇지만 이 반론에 대답하기로 하겠다. 분명히 말하지만 충분한 시간이 있다. 인류는 지난 오랜 세월 동안 엄청난 시간을 축적해왔다. 이 시간 동안에 인류는 경험에 의하여 행동의 경향을 익혀왔다. 모든 사려 분별과 생활 도덕은 바로 이런 경험을 그 밑바탕으로 삼고 있다. 사람들은 이런 경험 과정이 지금까지도 시작되지 않은 것처럼 말한다. 어떤 사람이 다른 사람의 재산이나 생명에 간섭하고 싶은 마음이 들면 그때 비로소 난생 처음으로 살인과 절도가 인간의 행복에 해로운 행위라는 것을 생각하게 되는 양 말하는 것이다. 설사 그때 처음 그 문제를 생각한다 하더라도 그 사람은 그 문제를 그리 까다롭다고 생각하지 않을 것이다. 자, 이제 그 문제는 그의 손에 맡겨두기로 하자.

어떤 사람들은 이런 말을 한다. "인류가 공리를 도덕의 기준으로 생각하기로 합의한다면, 인류는 무엇이 유익한 것인지 합의하지 못할 것이다. 그리하여 공리에 대한 그들의 생각을 어린 세대에게 가르치거나 법률과 여론으로 부과하는 수단도 없을 것이다."

이것은 참으로 엉뚱한 생각이다. 어떤 황당한 부조리가 특정 윤리적 기준에 포함되어 있다면 그 기준이 위력을 발휘하지 못할 것임을 증명하는 건 그리 어렵지 않다. 또 그런 황당한 부조리가 들어 있지 않다고 할 경우에, 인간은 특정 행동이 행복에 어떤 영향을 미치는지에 대한 확신을 지금까지 축적하여 가지고 있다. 그렇게 해서 우리에게 내려온 믿음은 곧 일반 대중과 철학자를 위한 도덕 규칙이 된다. 물론 그 철학자가 더 좋은 도덕 기준을 발견하기 전까지는 말이다. 그리고 철학자는 지금 이 순간에도 많은 문제들에서 용이하게 더 좋은 기준을 내놓을 수 있다.

나는 다음과 같은 사실을 진실로, 진실로 간절하게 주장한다. 기존의 윤리 체계는 결코 신성하다고 할 정도로 옳은 것은 아니다. 인류는 행동이 일반 행복에 미치는 효과에 대해서 아직도 배워야 할 것이 많다.

공리주의는, 모든 실용적 기술의 가르침이 그러하듯이, 무한한 개선이 가능하다고 보며, 인간의 정신은 계속 발전하고 있으므로 그에 따라 공리주의 사상도 항구적으로 발전할 것이라고 본다. 그러나 도덕 규칙이 개선 가능하다고 말하는 것과, 그 발전의 중간 과정을 모두 건너뛰어 각 개인의 행동을 제1원리에 비추어 검증하려고 하는 것은 전혀 다른 문제이다.

제1원리를 인정하는 것이 제2원리들을 인정하는 것과 같지 않다는 이야기는 좀 괴상한 생각이다. 어떤 여행자에게 그 사람의 궁극적 목적지를 알려준다고 해서, 그 사람이 길 가는 도중의 지형지물이나 표지판을 이용해서는 안 된다고 금지하지는 않는다. 행복이 도덕의 궁극적 목적이라고 해서, 그 목적을 향해 가는 길을 미리 닦지 않아도 된다는 이야기는 아니며, 그 목적을 향해 가는 사람이 왼쪽이 아니라 오른쪽으로만 가야 한다고 말하지도 않는다.

우리는 이 문제에 관한 한 더 이상 헛소리를 하지 말아야 한다. 사람들은 다른 현실적 관심사에 대한 헛소리는 아예 말하지도 않고 들으려하지도 않으면서 유독 이 도덕의 문제에 대해서만 그것을 허용한다. 선원들이 항해 달력을 가장 먼저 꺼내들고 항로를 계산한다고 해서, 항해기술이 천문학을 밑바탕으로 삼고 있다는 사실을 부정하는 사람은 아무도 없다.[25] 선원들은 합리적인 인간이므로 항해 달력을 보고서 미리 계

---

25 아주 오래전부터 선원들은 해안 지형지물을 살피고 해저를 측량하며 해류와 구름을 관찰함으로써 그들의 배가 현재 바다의 어디에 있는지를 알아냈다. 그들은 계절풍과 철새의 이동을 활용하여 기본방위를 추정했다. 또 태양, 달, 별의 움직임을 측정하여 방향, 위도, 시간의 흐름을 파악했다. 하늘의 빛은 밤이나 낮이나 선원들에게 공간과 시간의 방향을 알려준다. 이런 모든 정보는 천문학에서 나온다. 그리고 그런 천문학 정보를 계절별, 월별로 기록해 놓은 것이 항해 달력이다.

산을 한 다음에 출항한다. 모든 합리적 인간들이 인생이라는 바다에 나설 때에도 이와 마찬가지이다. 옳고 그름의 공통적인 문제에 대하여 이미 마음을 정했고, 또 현명함과 어리석음이라는 훨씬 까다로운 문제들에 대해서도 나름대로 판단을 하고서 인생길에 나서는 것이다. 예지력 (선견지명, foresight)이 인간의 능력으로 남아 있는 한, 인간은 앞으로도 계속 이런 식으로 행동할 것이다.

우리가 그 무엇을 도덕의 제1원리로 정하든 간에, 그것을 뒷받침하는 제2원리들이 반드시 필요하다.[26] 모든 체계가 그러하듯이 제2원리가 없으면 제1원리가 제대로 작동하지 못하기 때문에, 어떤 특정한 제2원리에 대해서 반론을 제기하는 일은 무의미한 논증일 뿐이다. 그런데도 이런 제2원리들을 얻을 수가 없다고 진지하게 주장하는 사람들이 있다. 그들은 인류가 지난 오랜 세월 동안에 인간 생활의 체험들로부터 그 어떤 일반적 결론들도 도출하지 않고 살아왔고, 앞으로도 그럴 것이라고 생각하는 듯하다. 내가 보기에는 이것이야말로 철학의 논쟁에서 나올 수 있는 부조리함의 극치다.

공리주의는 예외론이라는 반론

나머지 공리주의의 반론들은 인간성이 원래 나약하고, 양심적인 사람들도 인생의 방향을 설정하는 데 어려움이 있다는 사실을 들면서 공리주의에 반대한다. 반대자들은, 공리주의자는 자신의 특별한 케이스를

---

26 행복을 도덕의 제1원리라고 보았을 때, 그 행복을 얻기 위해 행위자의 바람직하지 못한 행동을 억제하는 외부적 제재와 내부적 제재는 제2원리가 된다. 이 제재는 이어지는 3장 "공리의 원리의 궁극적 제재에 대하여"에서 설명된다.

도덕 법칙의 예외 사항으로 내세우는 경향이 있다고 말한다. 그러니까 공리주의자는 유혹을 당할 때 어떤 규칙의 준수보다는 그 규칙의 위반에서 더 큰 공리(효용)가 있다는 식으로 주장한다는 것이다.[27]

하지만 공리(효용)만이 유일하게 우리의 악행에 대하여 변명거리를 제공하고 또 우리의 양심을 속이는 수단으로서 존재한다고 할 수 있을까? 여러 도덕 사상들도 서로 갈등하는 고려사항들이 존재함을 객관적 사실로 인정하면서 그런 변명거리를 풍성하게 제공한다. 아니, 모든 도덕 사상이 이렇게 하고 있으며, 정상적인 사람들이라면 그 사실을 받아들인다. 그것은 어떤 믿음의 잘못이 아니라, 인간사의 복잡한 성격 때문에 빚어진 일이다. 따라서 예외를 인정하지 않는 행동 규칙은 없으며, 그 어떤 행동도 절대 의무 혹은 절대 잘못, 이렇게 두부 모 자르듯이 확연하게 구분할 수가 없다.[28]

도덕 법칙의 경직성을 어느 정도 완화시켜주지 않는 윤리 사상은 없다. 그리하여 행위자의 도덕적 책임 아래, 어느 정도 융통성을 부여함으로써 주어진 상황의 특이성에 적응하도록 하는 것이다. 그리고 모든 믿음에서 이런 도피구가 마련됨으로써, 자기기만과 부정직한 결의론(決疑論)[29]이 들어서게 된다. 여러 의무가 갈등하는 애매한 케이스가 발생하

---

27 가령 존이 제인에게 1백 달러를 빌릴 때 월말까지 갚기로 약속하고서 막상 월말이 돌아오니까 약속을 위반하고 그 1백 달러를 아프리카 난민 구호 자금으로 보낸 경우.

28 내가 딱 한 사람만 구할 수 있는 상황인데 구조를 바라는 사람은 두 명이라고 가정해보자. 한 사람은 나의 어머니이고, 다른 한 사람은 의사이다. 그런데 내 이웃에는 아픈 사람들이 많아서 의사를 절실히 필요로 한다. 하지만 이 경우 우리는 공리(최대 행복) 같은 것은 따지지 않고 어머니를 먼저 구하게 되는데, 이런 행위에 절대 의무 혹은 절대 잘못은 없는 것이다.

29 casuistry. 어떤 행위의 도덕적 옳고 그름을 사회적 관습, 교회와 성경의 율법 등을 적용

지 않는 도덕 체계는 존재하지 않는다. 이런 것들은 윤리 이론에서나 개인적 행동의 양심적 측면에서 볼 때 정말 까다로운 문제들이다. 이런 문제들은 개인의 지성과 미덕에 따라서 정도 차이는 있지만 현실적으로 극복된다.

어떤 개인이 그런 갈등하는 권리나 의무를 해결하는 궁극적 기준을 갖고 있다면, 그가 그런 문제를 다룰 자격이 없다고 말하기는 어렵지 않겠는가. 가령 공리(효용)를 도덕적 의무사항들의 궁극적 원천이라고 보는 사람이 있다면, 그는 두 가지 서로 다른 의무사항들이 양립할 수 없을 때, 공리를 기준 삼아 그 문제를 해결할 것이다. 그런 기준을 적용한다는 것은 어려운 문제일 수 있으나 기준이 아예 없는 것보다는 낫다. 다른 사상 체계들에서, 도덕법들은 저마다 독립적인 권위를 주장하여 갈등을 일으키는데, 그 경우 이 도덕법들 사이에 개입할 수 있는 공동의 주심(主審)이 없게 된다. 그 도덕법이 다른 것보다 더 우위를 점해야 한다고 내세우는 주장은 결의론보다 더 나을 것이 없다.

그래서 이런 갈등이 결말나지 않으면 대개 그것은 공리적 고려사항들의 영향을 받아서 결말이 난다. 그렇지 않고 아무런 결말이 나지 않는다면, 개인적 욕망과 편향성의 행위들이 제멋대로 판칠 여지가 생긴다. 이처럼 제2원리들이 갈등을 일으키는 사례들에서는, 제1원리에 호소하여 문제를 해결해야 마땅하다. 몇 가지 제2원리들이 개입되지 않는 도덕적 의무사항의 사례는 없다. 설사 어떤 사례에 단 하나의 제2원리가 개입되어 있다고 할지라도, 그 사례를 관찰하는 사람의 마음속에서는 그

하여 판정하는 논법이다. 여기서는 '궤변'이란 의미로 쓰인 것 같다.

제2원리가 구분시켜 주는 제1원리가 무엇인지 전혀 의심이 생기지 않을 것이다.[30]

---

30 『삼국지』에서 제갈량은 아끼는 장군 마속의 목을 울면서 치는데 이것을 가리켜 "읍참마속"이라고 한다. 마속의 목을 벨 때 작용하는 제2원리는 군령을 어겼다는 것이다. 그러나 군령이 의존하는 제1원리는 국가의 안녕인데, 이 사건을 관찰하는 사람은 그 제1원리를 알아본다.

제3장

공리의 원리의 궁극적 제재에 대하여

도덕의 기준과 관련하여 다음과 같은 질문들이 자주 제기된다.

"그 기준에 미달했을 때의 제재(制裁, sanction)는 무엇인가?"

"그 기준에 복종하는 동기는 무엇인가?"

"도덕적 의무감을 만들어내는 원천은 무엇인가?"

"도덕적 의무의 구속력은 어디에서 나오는가?"

이런 질문들에 대답하는 일은 도덕철학의 필수적 부분이다. 이런 질문들은 종종 공리주의 도덕을 반대하는 사람들에게서 나오는데, 그들은 마치 이런 질문이 다른 도덕 사상들보다 유독 공리주의에 더 잘 해당한다고 생각하는 듯하다. 하지만 이런 질문들은 모든 도덕적 기준과 관련하여 제기될 수 있다. 어떤 사람이 특정 기준을 채택하도록 요구당하거나, 평소 자신이 도덕의 근거라고 생각했던 것에 바탕을 두지 않은 도덕을 만나게 되었을 때, 이런 질문들이 자연스럽게 나온다.

왜 이런가 하면, 사람들은 도덕적 의무라고 하면 일찍이 교육과 여론이 그들의 마음속에 형성시킨 관습 도덕을 연상하기 때문이다. 그리하여 사람들은 관습의 후원이 없는 일반 원리에서 나온 어떤 도덕을 의무적으로 따라야 한다는 이야기를 들으면, 그런 이야기를 역설(逆說)이라고 생각한다. 뒤에 나온 추론이 원래의 이론보다 더 구속력을 갖는 듯한 느낌, 그러니까 상부 구조물이 하부 기초가 없이도 지상에 잘 서 있을 수 있다고 이야기하는 것이 아닌가 하는 느낌이 드는 것이다. 그리하여 사람들은 혼자 이렇게 중얼거린다.

"나는 절도를 해서는 안 되고, 살인을 해서는 안 되며, 배신하거나 기만해서는 안 된다는 의무감을 느껴. 그러면 됐지, 왜 일반 행복(사회 전체의 행복)을 추진해야 한다는 의무감도 느껴야 한다는 거지?"

"내 행복은 다른 곳에 있는데 왜 내가 일반 행복을 더 우선시해야 한다는 거지?"

도덕적 의무감에 대하여 공리주의 철학이 취하고 있는 입장이 옳은 것이라 해도, 이런 질문은 언제나 나오게 되어 있다. 이런 질문이 나오지 않게 하려면 도덕적 성품을 형성시키는 영향력(교육과 여론)이 행동의 결과를 장악하는 데 그치지 않고 그 원칙마저도 장악할 수 있어야 한다.[31] 다시 말해, 교육에 의한 성품 향상을 통하여, 사람들의 성품 속에 동료들에 대한 일체감을 뿌리 깊게 형성시켜야 하고(그리스도의 가르침이 사람들이 이런 성품을 가져야 한다는 것이었음은 의심의 여지가 없다), 그런 일체감

---

31 구체적인 사례를 들면, 가령 "거짓말을 하면 신용이 없어진다"라는 결과를 파악하는 사람이 있다면 그 사람은 자연스럽게 "거짓말을 해서는 안 된다"라는 원칙을 갖게 될 것이다.

이 우리의 본성의 한 부분이 될 때까지 완전 체득(體得)시켜야 한다. 그리하여 자라나는 젊은이들이 범죄를 혐오하는 것처럼, 이웃에 대한 일체감을 자신의 고유한 감정으로 느낄 수 있어야 한다.

그런데 이러한 어려움은 공리주의에만 특별히 해당되는 것은 아니고, 도덕을 분석하여 어떤 원리로 정립하려는 시도에서는 반드시 발견된다. 그 원리가, 그리고 그 구체적 적용 사례가 인간의 마음속에서 신성함을 획득하지 못한다면, 도덕을 원리로 정립하려는 모든 시도는 원리에서 신성함을 어느 정도 빼앗아가기만 하는 듯하다. 그렇게 되면 그 효과도 적을 것이다.

외부적 제재: 포상과 징벌

공리주의 또한 다른 도덕 사상과 마찬가지로 각종 제재를 제시하는데 이렇게 하지 못할 이유가 없다고 본다. 제재는 외부적인 것과 내부적인 것, 이렇게 두 가지가 있다. 외부적 제재에 대해서는 길게 이야기할 필요가 없을 것이다. 그 제재는 혜택에 대한 희망과 불쾌함에 대한 두려움이다. 우리는 우리의 이웃 혹은 우주의 대주재(大主宰, 절대자)를 통해 이런 희망과 두려움을 품는다. 또한 우리가 이웃에 대해서 가지고 있는 애정, 하느님에 대한 사랑과 외경심(이기적인 결과와는 무관하게 그분의 뜻을 실천하도록 유도하는 힘) 등도 외부적 제재이다.

이처럼 제재를 두려워하여 복종하려는 동기는 다른 도덕 사상과 더불어 공리주의 도덕에서도 발견된다. 그런 동기들 중에서 이웃에 관한 동기는 일반 대중의 지성이 향상되는 정도에 따라서 더욱 확실하게 공리주의 도덕과 연결된다. 일반 행복 이외에 도덕적 의무감의 다른 근거가 있든 말든 인간은 행복을 욕망하기 때문이다. 자신의 실천이 아무리 불완전하다고 할지라도, 사람은 남들의 행동 중에서 자기들의 행복을 증진시킨다고 생각하는 행동을 욕망하고 또 칭찬한다.

종교적 동기에 대해서 말해보자면 이러하다. 가령 사람들이 스스로 공언하는 것처럼 하느님의 선하심을 믿는다고 해보자. 그러면 일반 행복에의 기여가 선(善)의 본질이고, 심지어 선의 기준이라고 생각하는 사람들은 반드시 그것을 하느님이 좋아하며 승인하는 것이라고 믿을 것이다. 따라서 외부적인 포상과 징벌은, 육체적인 것이든 정신적인 것이든, 하느님에게서 나온 것이든 동료 이웃에게서 나온 것이든, 공리주의 도덕이 인정되는 정도에 비례하여, 있는 힘을 다하여 그 도덕을 실행할 것을 강요한다. 이렇게 강요하는 힘이 강력할수록, 교육과 일반 교양의 여러 제도들은 그러한 목적의 달성에 더욱 집중하게 된다.

양심: 내부적 제재

지금까지는 외부 제재를 알아보았다. 우리의 의무 기준이 어떤 형태의 것이든 의무를 강제하는 내부 제재는 단 하나이고 모두 똑같다. 즉 우리 마음의 느낌이다. 의무를 위반할 때 우리는 강렬한 마음의 고통을 느끼는데, 적절한 도덕적 품성을 갖춘 사람들의 경우에는 사안이 중대할수록 고통의 강도가 세져서 의무를 위반하는 행위는 아예 하지 않게 된다. 이 감정은 이해관계를 떠나서 순수한 의무감과 연결된 반면, 특수한 의무 관념이나 우연한 사정과는 연결되지 않은 것으로서, 양심의 본질이 된다. 다만 현실의 복잡한 현상 가운데에서는, 이런 단순한 사실도 일반적으로 잡다한 부수적(附隨的) 연상(聯想)으로 뒤덮여 있다. 이러한 연상들은 공감, 사랑, 그리고 더 나아가 공포로부터 나온다. 그뿐만 아니라 온갖 형태의 종교적 감정, 유년 시절과 과거에 대한 기억, 자존심, 다른 사람들의 존경을 받고 싶은 욕망, 가끔은 심지어 자기 비하 등으로부터 나온다.

내 생각에 이런 복잡한 사정은 일종의 신비한 성품을 만들어내는 원천이다. 그런데 인간의 마음속에 들어 있는 이 신비한 경향의 사례들로부터 도덕적 의무감이라는 관념이 생겨난다. 또 그런 신비한 성품 덕분에 사람들은 이런 생각을 하게 된다. 인간 마음의 신비한 법칙에 의하여, 우리의 현재 경험들 중에서 그 법칙에 관련된 대상에만 도덕적 의무감이 생겨나고, 그 이외의 대상에는 생겨나지 않는다는 것이다.[32]

그러나 의무라는 관념의 구속력은 감정의 덩어리로부터 나온다. 따라서 어떤 것이 옳음의 기준을 위반했는지 파악하기 위해서는 그 감정의 덩어리를 분석해야 한다. 실제로 그 기준을 위반했다면 그 감정의 덩어리로부터 나중에 가책이라는 형태로 구속력이 생겨난다. 우리가 양심의 성질 혹은 기원에 대하여 어떤 이론을 제시하든 간에 이것은 양심을 구성하는 본질적 부분이다.

따라서 모든 도덕의 궁극적 제재는 (외부적 동기를 제외하고) 우리 마음속에 있는 주관적 느낌이다. 그러니 도덕의 기준을 공리라고 주장하는 사람들에게 다음과 같은 질문은 전혀 난처하지 않다.

"공리주의의 기준에서 볼 때 제재(sanction)란 무엇인가?"

나는 이 질문에 대하여 다른 도덕 사상들과 마찬가지로 인류의 양심적 느낌이라고 대답하겠다. 물론 이 제재는 양심의 호소를 느끼지 못하

---

32 신비한 법칙은, 인간의 마음이 움직이는 방식이 사람마다 다르다는 것이다. 가령 존은 어머니의 웃는 얼굴을 떠올리면 의무감을 연상하는데, 반면에 제인은 어머니의 찡그린 얼굴을 보면 의무감을 연상하는 경우이다. 여기서 "그것에 관련된 대상"은 어머니의 웃는 얼굴 혹은 어머니의 찡그린 얼굴을 가리킨다.

는 사람에게는 구속력이 없다. 하지만 이런 사람은 공리주의의 기준뿐만 아니라 다른 도덕 사상의 기준에 대해서도 복종하지 않을 것이다. 이런 사람에게는 그 어떤 종류의 도덕도 구속력이 없고 단지 외부적 제재만 통할 뿐이다.

그렇지만 양심적 느낌은 분명 존재한다. 그것은 인간 본성 안에 존재하는 객관적 사실이고, 그런 감정을 잘 함양한 사람들에게는 커다란 영향력을 발휘하는데 이는 경험에 의해 증명되었다. 다른 도덕 사상에서도 그렇지만, 공리주의에서도 이런 감정이 크게 발달하지 못할 이유가 없다.

그런데 다음과 같이 생각하는 사람들이 있다. 즉, 도덕적 의무감을 초월적 사항이라고 보는 사람들, 도덕적 감정이 "물자체"[33]의 영역에 속하는 객관적 현실이라고 보는 사람들이, 도덕 감정을 순전히 주관적으로 파악하면서 그런 감정은 인간의 머릿속에만 있는 것이라고 보는 사람들[34]보다 도덕적 의무감에 더 강하게 복종한다고 보는 것이다.

그러나 개인이 이 존재론의 문제에 대하여 어떤 의견을 갖고 있건 간에, 그를 도덕적 행동에 나서도록 추진하는 힘은 그 자신의 주관적 느낌이고, 그 힘은 그런 느낌의 강도에 의해서 정확하게 측정될 수 있다. 도덕적 의무가 객관적 현실이라는 믿음은 신(神)이 객관적 현실이라는 믿음보다는 약하다. 그러나 신에 대한 믿음은, 실제적인 포상과 징벌의 기

---

33 인간의 마음과는 무관하게 독립적으로 존재하는 사물의 실재를 가리키는 칸트의 용어.

34 도덕 감정이 선험적인 것이 아니라 경험적인 것이라고 보는 사람들, 즉 경험론자들을 가리킨다. 이 경험론자들이 볼 때 도덕 감정은 머릿속에 있는 생각 즉 주관적·상상적·허구적인 것이 된다.

대감과는 무관하게, 각 개인의 주관적인 종교적 느낌을 통하여 그리고 그 느낌의 강도에 비례하여 그 개인의 행동에 반영된다.

이해관계를 떠난 제재는 언제나 인간의 마음속에 있다. 반면에 초월적 도덕주의자들은, 그 제재가 인간의 마음 바깥에 뿌리를 두고 있지 않다면 마음속에서도 존재하지 않는다고 생각한다. 그런데 어떤 사람이 자기 자신을 상대로 이렇게 말한다고 해보자.

"나를 구속하는 이것, 내가 양심이라고 부르는 이것은 내 마음속에 들어 있는 느낌일 뿐이다. 따라서 이 느낌이 사라진다면 도덕적 의무도 사라진다. 만약 이 느낌이 불편하다면 나는 그것을 무시해버릴 수도 있고 없애버리려고 애쓸 수도 있다."

그런데 이런 식으로 생각하는 위험이 공리주의 도덕에만 국한된 것일까? 도덕적 의무라는 믿음이 마음의 바깥에 존재한다는 생각이 그 의무를 아예 제거하지 못할 정도로 강력한 것으로 만드는가? 사실은 전혀 그렇지 못하다.

모든 도덕주의자들은 사람들이 마음속에서 아주 손쉽게 양심을 침묵시키고 질식시킨다는 사실을 인정하면서 한탄한다. "내가 양심에 복종할 필요가 있을까?"라는 질문은 공리주의 지지자들은 물론이고, 그 사상에 대해서 들어본 적이 없는 사람들도 자주 제기하는 질문이다. 양심이 별로 강하지 못해 이런 질문을 던지는 사람들이 양심에 복종해야 한다고 대답한다면, 그건 그들이 초월적 이론을 믿어서가 아니라 외부 제재의 위협을 의식하기 때문이다.

도덕적 의무감은 선천적인 것인가?

우리의 논의를 계속 진행할 때 의무감이 선천적인 것인지 아니면 후천적으로 획득된 것인지 결정할 필요는 없다. 그것이 선천적인 것이라고 가정한다 해도, 그 느낌이 어떤 대상과 자연스럽게 결부되는지는 알수 없는 문제이다. 왜냐하면 도덕적 의무감을 선천적인 것이라고 주장하는 철학자들은 그런 직관적 지각은 도덕의 원리에 관한 것이지, 도덕적 행위의 세부사항에 관한 것이 아니라는 데 동의하기 때문이다.

만약 이 문제에 선천적인 것이 깃들어 있다고 한다면, 나는 그 선천적인 느낌이 다른 사람의 고통과 쾌락에 대한 느낌이 되지 말라는 법이 없다고 본다. 만약 직관적으로 의무를 부과하는 도덕의 원리가 있다고 한다면, 나는 다른 사람의 고통과 쾌락에 대한 느낌이 그 원리라고 본다. 만약 그렇다면 직관주의 윤리와 공리주의 도덕은 일치하는 것이므로, 둘 사이에 더 이상 싸움은 없게 될 것이다. 현재 직관적 도덕주의자들은, 비록 다른 직관적 도덕 의무가 있다고는 생각하지만, 이것(다른 사람의 고통과 쾌락에 대한 느낌)도 그런 의무 중 하나라고 믿고 있다. 그들은 도덕의 상당 부분이 동료 인간들의 이해관계를 중심으로 움직인다고 만장일치로 주장하기 때문이다. 따라서 도덕적 의무의 초월적 근원에 대한 믿음이 내적 제재에 추가로 효율성을 부여해준다면, 내가 보기에 공리주의 원리는 이미 그런 혜택을 누리고 있다.

반대로 나의 믿음대로 도덕적 감정이 선천적인 것이 아니라 후천적인 것이라도, 그런 이유로 해서 그 감정이 덜 자연스러운 것은 아니다. 인간이 말을 하고, 추론을 하고, 도시를 건설하고, 토지를 경작하는 것도 자연스러운 일이지 않은가? 비록 이런 것들이 후천적 기능이기는 하지만 말이다. 도덕적 감정은 우리 본성의 일부가 아니다. 모든 인간에게서 눈에 띌 정도로 그 감정이 드러나지는 않기 때문이다. 이것은 도덕 감정의 초월적 근원을 철저하게 믿는 사람들조차도 인정하는 사실이다.

위에서 언급한 다른 획득된 능력들과 마찬가지로, 도덕적 능력은 우리 본성의 일부가 아니지만 그 본성으로부터 자연스럽게 자라난 것이다. 그 능력은 다른 후천적 능력들과 마찬가지로 조금씩 자발적으로 발생하고, 교양에 의하여 크게 발전한다. 도덕적 능력은 외부 제재의 효율적인 부과와 조기 교육의 영향력으로 인해 거의 모든 방향으로 발전해 나갈 수 있다. 그래서 그 감정이 이런 수단을 통하여, 양심의 권위를 가지고서, 인간의 마음에 작용하도록 만들 수 있다. 이렇게 할 수 없다고 주장하는 것은 아주 어리석거나 아주 해로운 태도라 할 수 있다. 설사 공리주의가 인간 본성에 그 기반을 두고 있지 않다고 할지라도, 공리주의는 동일한 수단(외부 제재와 조기 교육)을 사용해서 동일한 효력(양심의 권위)을 얻을 수 있다. 이것을 의심한다면 경험으로 증명된 사실에 도전하는 게 된다.

그러나 순전히 인위적으로 만들어진 도덕적 연관 관계는 지적 문화(교양)가 발달할수록 점차적으로 지적 분석에 굴복하여 분해될 것이다. 인위적 관계란, 가령 의무의 느낌을 공리와 연결시켰는데 억지로 꿰맞춘 것처럼 보이는 경우이다. 또 그런 연관 관계에 인간성의 주된 측면이 관여하지 않는다든지 강력한 부류의 감정이 없다든지 하여, 우리가 그 관계를 쾌적한 것으로 여기지 않고 또 남들에게 권장하거나(우리는 이렇게 하고 싶은 흥미로운 동기들이 많다) 나아가 우리 자신이 소중하게 여길 만한 것으로 생각지 않는 경우이다. 간단히 말해서, 공리주의 도덕을 위한 감정의 자연스러운 토대가 마련되지 않는다면, 이런 연결 관계는 설사 교육에 의해 주입되었다고 하더라도 지적 분석에 의해 분해되어 사라져버릴 것이다.

일반 행복: 이웃과의 평등한 삶

하지만 그런 강력한 자연적 감정의 바탕이 **분명 존재한다**. 일단 일반 행복(사회 전체의 행복)이 윤리적 기준으로 인정된다면 그 기반은 공리주의 도덕의 힘이 될 것이다. 그 단단한 바탕은 인류의 사회적 감정이 제공하는 기반이다. 그 감정은 동료 인간들과 일체감을 이루려는 욕망이다. 그것은 이미 인간 본성 중의 강력한 원리이고, 그 원리는 의도적 훈육이 없어도 진보하는 문명의 영향력 덕분에 점점 강해진다.

사회적 상태는 너무나 자연스럽고 너무나 필요하고 또 인간에게는 아주 익숙한 습관이기 때문에, 어떤 이례적인 상황이거나 자발적으로 등을 돌리는 상태가 아니라면, 인간은 사회단체의 일원이 아닌 다른 방식으로 존재하는 자기 모습을 상상할 수가 없다. 이러한 이웃과의 연결 관계는, 인류가 야만적 독립의 상태로부터 멀어질수록 더욱 단단하게 고정되었다. 그러므로 사회적 상태에 필수적인 조건은 무엇이든지 모든 개인이 태어나서 살아가는 현실을 인식하는 데 필수불가결한 요소가 되었다. 이렇게 사회 속에서 살아가는 것은 인간의 운명이기도 하다. 이제 인간들 사이의 사회는, 주인과 노예의 관계를 제외하고는, 모든 사회 구성원들의 이익을 보살피는 그런 바탕을 마련하지 않으면 존립이 불가능하게 되었다.

평등한 사람들의 사회는 모든 구성원의 이익을 평등하게 여긴다는 전제가 마련되어 있어야 비로소 존재할 수 있다. 모든 문명국가에서는 절대 군주를 제외한 모든 사람이 평등한 관계이며, 누구나 다른 사람들과 이런 관계를 유지하면서 살아가야 한다. 모든 시대에서, 문명은 평등한 관계 이외의 다른 인간관계 속에서 항구적으로 살아가는 게 불가능한 쪽으로 발전해왔다. 이렇게 하여 사람들은 남들의 이익을 완전히 무시해버리는 상태는 불가능하다고 생각하며 성장하게 되었다. 남들에게 큰 피해를 입히는 행위는 하지 말아야 하고, 자기 자신을 보호하기 위해서라도 그런 피해에 대해서 늘 항의하는 상태로 살아간다. 사람들은 또한 남들과 협동하는 일에 익숙하며, (비록 일시적인 것이라 할지라도) 개인적 이익이 아니라 집단적 이익을 행위의 목적으로 삼는다.

사람들이 이처럼 협동을 하는 한, 그들의 목표는 남들의 목표와 일치한다. 일시적으로나마 남들의 이익이 곧 자신의 이익이라고 느끼는 것이다. 사회적 유대의 강화와 사회의 건전한 성장은 각 개인에게 남들의 복지를 보살펴야 한다는 강력한 개인적 이해관계를 제공한다. 뿐만 아니라 개인의 **감정**을 남들의 이익과 점점 더 일치시키고, 그 이익을 더욱 더 실질적으로 고려하게 만든다. 그리하여 마치 본능이 그렇게 시키는 것처럼, 각 개인은 자신을 남들의 복지에 **당연히** 신경 써야 하는 사람으로 의식하게 된다. 각 개인이 살아가는 데 반드시 필요한 구체적 조건들과 마찬가지로, 남들의 이익이 그가 반드시 보살펴야 하는 문제로 자리잡는 것이다.

그런데 개인이 이런 감정을 얼마나 갖고 있든 간에, 그는 이해관계나 동정심이라는 강력한 동기로 인해 그런 감정을 과시하고 싶어 하고, 남들도 그렇게 하도록 만들기 위해 최대한의 노력을 기울이게 된다. 따라서 그런 감정이 자그마한 씨앗의 상태로라도 존재한다면 공감과 교육의 영향력이 그것을 붙잡아서 양육하는 것이다. 그 감정을 중심으로 하여, 외부적 제재의 강력한 작용으로 인해 협동적 관계의 촘촘한 그물망이 형성된다. 문명이 발전하면서, 이런 식으로 우리 자신과 인간의 생활을 생각하는 것이 점점 더 자연스럽게 느껴진다.

정치 발전의 모든 단계는 이런 사고방식을 더욱 자연스럽게 만든다. 정치가 집단의 이익을 방해하는 원천들을 제거하고, 개인들 혹은 계급들 사이의 법적 특혜에서 비롯되는 불공평을 철폐함으로써 그런 생각을 돕는 것이다. 그런 방해나 법적 특혜 때문에 많은 사람들의 행복이 철저히 무시되어왔다.

인간의 정신이 점점 향상하면서 그런 사고방식을 만들어내는 영향력은 더욱 커져왔다. 그리하여 각 개인의 마음속에 다른 사람들과의 일체감을 중시하는 경향이 생겨났다. 만약 그런 일체감이 온전한 것이라면, 그 개인은 남들의 이익은 배제한 채 오로지 자기만의 이익을 생각하거나 욕망하는 일은 아예 없게 될 것이다.

사람들 사이의 일체감을 하나의 종교처럼 가르친다고 해보자. 과거의 종교가 그렇게 했던 것처럼 교육, 제도, 여론 등 모든 힘을 모아서 개인이 유아 시절부터 일체감을 언명하고 실천하는 환경에서 성장하도록 한다고 해보자. 만약 이런 일체감을 명확히 인식하는 사람이 있다면, 그는 〈행복〉 도덕을 위한 궁극적 제재(양심의 제재)가 그 자체로 충분하지 못하다는 의문을 품지 않을 것이다.

이 점을 이해하기 어렵다고 생각하는 윤리학도가 있다면 나는 인식을 촉진시키는 수단으로서 콩트[35]의 두 번째 주저인 『실증정치학 개론』

---

35 오귀스트 콩트(Auguste Comte, 1789-1857), 프랑스의 철학자. 1817년에서 1824년까지 생시몽과 함께 일하면서 그의 사상으로부터 영향을 받았다. 실증주의의 창시자이며 "인간의 종교"를 주장했다. 콩트는 모든 학문은 결국 과학적·실증적 단계에 도달한다고 말했다. 또 사회 발전의 핵심은 지적 발달이라고 보았다. 그는 "이타주의(altruism)"라는 조어를 만들어낸 장본인이다. 또한 철학적 논의의 관점을 국가에서 사회로 전환시킨 것

을 추천한다. 나는 이 논저에서 제시된 정치와 도덕의 체계에 대해서는 강력하게 반대한다. 그러나 이 책은, 신의 섭리를 믿지 않는다고 해도, 인류의 일체감에다가 종교와 같은 심리적 힘과 사회적 효율성을 부여할 수 있다는 것을 보여준다. 이 일체감은 인간 생활을 지배하고, 인간의 모든 생각, 감정, 행위에 영향을 미칠 수 있다는 것이다. 기존의 종교가 사람들에게 미친 엄청난 영향으로부터, 우리는 이런 사회 내의 일체감이 가져오게 될 결과의 전형과 예고를 보게 된다. 그리하여 일체감에 따르는 위험이 있다면, 그 일체감이 불충분할 수도 있다는 것이 아니라, 반대로 너무 과도하여 인간의 자유와 개성을 부당하게 간섭할 수도 있다는 것이다.

사회적 일체감: 내부와 외부 제재의 절충

이처럼 공리주의 도덕의 지지자들은 일체감을 강한 구속력으로 생각한다. 그러나 사회적 영향력이 인류 전체에게 이런 감정과 의무를 느끼게 만들도록 기다리는 일은 불필요하다. 우리가 현재 살고 있는 사회는 인류 발전의 비교적 초창기 상태이다. 따라서 모든 인간이 서로 완전한 공감을 느끼면서 일상생활 중에 아무런 불일치도 없는 그런 상태는 아니다. 그러나 사회적 감정이 자신의 내부에 어느 정도 발달되어 있는 사람이라면, 이웃들을 행복의 수단을 빼앗기 위해 힘들게 싸워야 하는 라이벌로 생각하지 않는다. 그 자신의 목적을 달성하기 위해 그 이웃의 목적을 좌절시켜야 한다고 생각하지도 않는다.

도 콩트의 공로이다. 그는 사회의 유기적 구조를 획득하는 것이 인류의 최종 목표가 되어야 한다고 보았다.

심지어 오늘날에도 인간은 자신이 사회적 존재라는 뿌리 깊은 인식을 갖고 있다. 그래서 그의 감정과 목표, 그리고 이웃들의 감정과 목표 사이에 조화를 이루는 것이 인간의 자연스러운 욕구들 중 하나라고 생각한다. 의견 차이나 정신 문화의 차이 때문에 각 개인이 이웃들의 실제 감정을 공유하기 어렵거나, 어쩌면 정반대로 이웃의 그런 감정을 비난하고 도전할지도 모른다 해도, 그 개인은 여전히 자신의 목적과 이웃들의 목적이 서로 갈등을 일으키지 않는다는 점을 의식할 필요가 있다. 또 그가 이웃들이 진정으로 원하는 것(즉 그들의 이익)에 대립하는 것이 아니라 오히려 그 이익을 촉진시켜준다는 점을 의식해야 한다.

대부분의 개인들은 이런 사회적 감정이 이기적 감정보다 미약하며, 때로는 아예 없기도 하다. 그러나 사회적 감정을 가지고 있는 사람들은 그 감정을 자연스러운 감정과 똑같은 것으로 여긴다. 그 사회적 감정을 교육이 만들어낸 미신(迷信)으로 여기지 않으며, 사회의 권력이 독재적으로 부과한 법률이라고 생각하지도 않는다. 그런 감정을 자신의 속성으로 생각하여 그것이 없으면 살아갈 수 없다고 확신한다.

이런 확신이야말로 최대 행복 도덕의 궁극적 제재이다. 바로 이것 덕분에 사회적 감정이 잘 발달된 사람이, 남들을 배려해야 한다는 외부적 동기를 거스르지 않고 이웃들과 잘 협력하는 것이다. 지금껏 내가 외부의 제재라고 불러온 것이 그런 외부적 동기를 제공한다. 이런 제재가 없거나 정반대(이기적) 방향으로 작동한다면, 그 개인의 감수성과 사려 깊음의 정도에 비례하여 강력한 내부 구속력이 작동한다. 마음이 도덕적 백치 상태인 사람을 제외하고, 오로지 자기의 개인적 이익과 관련될 때에만 남들에게 신경을 쓰는 인생 계획을 세우는 사람은 거의 없다.

제4장

공리의 원리는 어떤 증명을 내놓을 수 있는가?

앞에서 이미 말한 바 있듯이 궁극적 목적의 문제는 그 어떤 통상적인 의미로도 증명이 되지 않는다. 추론에 의해서 증명이 되지 않는다는 것은, 모든 제1원리, 우리 지식의 제1전제, 우리 행동의 제1목적의 공통점이다. 그런데 지식의 제1전제는 사실에 관한 문제이므로 사실을 판단하는 여러 가지 능력들, 즉 우리의 감각과 내적 의식에 직접 호소하는 문제이다. 그렇다면 실천적 목적에 관한 문제도 이 능력들에 호소할 수 있을까? 아니라면 그 목적은 어떤 능력에 의해 파악되는가?

욕망은 행복의 존재 증명

목적에 관한 문제는 다르게 말하면 어떤 사물이 욕망할 만한(desirable: 바람직한) 것인가 하는 문제이다. 공리주의는 행복을 하나의 목적으로서 욕망할 만한 것 혹은 유일하게 목적으로서 욕망할 만한 것이라고 주장한다. 다른 모든 것들은 이 목적(행복)으로 가기 위한 수단으로써 욕망할 만한(desirable) 것이 된다. 공리주의가 사람들을 납득시킬 수 있을 만큼 좋은 것임을 알리기 위해 무엇이 필요한가? 공리주의는 어떤 조건들을 반드시 충족시켜야 하는가?

어떤 대상이 눈에 보인다고 할 때 그에 대한 유일한 증거는 사람들이 그 대상을 실제로 본다는 것이다. 소리가 들린다고 할 때 그 소리의 유일한 증거는 사람들이 그것을 듣는다는 것이다. 인간 경험의 다른 증거들 역시 그러하다. 마찬가지로, 내 생각에, 어떤 것이 바람직하다는 것은 사람들이 실제로 그것을 바란다는 사실로 증명할 수 있다.[36] 만약 공리주의가 주장하는 목적이 이론적으로나 실천적으로나 목적으로 인정되지 못한다면, 그 누구도 궁극적 목적이 무엇인지 확언할 수 없게 된다. 다시 말해, 왜 일반 행복이 바람직한 것인지 그에 대한 이유를 제시할 수 없다. 단지 각 개인은 행복을 얻을 수 있다고 생각하는 한 그 자신의 행복을 얻기를 바란다고 말할 수 있을 뿐이다. 사정이 이렇기 때문에 우리는 행복이 최고 목적이라는 공리주의의 주장에 소용되는 모든 증명을 갖고 있다. 뿐만 아니라, 행복은 선이고, 각 개인의 행복은 그 개인에게 선이며, 따라서 그 개인들을 모두 모아놓은 집단에도 선이 된다는 주장에 필요한 근거도 모두 갖고 있다. 이렇게 하여 행복은 행위의 목적들 중 하나라는 자격을 획득했고 결과적으로 도덕의 한 가지 기준으로 자리 잡았다.

---

36 밀은 여기서 윤리적 자연주의를 주장하고 있다. 사람은 바람직한 것을 자연적으로 안다는 이야기이다. 그러나 욕망하는 것, 더 나아가 그런 욕망에서 나온 어떤 행동의 옳고 그름은 상황에 따라서 달라지는 것이므로, 이렇게 단정하기가 어렵다. 사람들이 바란다고 해서 모든 것이 바람직하게 되지는 않는다. 가령 고속도로에서 무제한의 속도로 자동차를 달리고 싶어도, 속도 제한이 있는 곳에서는 그것이 반드시 바람직한 일은 아니다.

하지만 이것만 가지고서는 행복이 유일한 기준이라는 사실을 증명하지 못한다. 그 사실을 증명하기 위해서는 같은 절차에 따라서[37] 사람들이 행복을 원할 뿐만 아니라, 행복 이외의 것은 결코 원한 바가 없다는 점을 보여주어야 한다. 물론 사람들은 행복과 뚜렷하게 구분되는 것들을 욕망한다. 가령 사람들은 고통의 부재와 쾌락 못지않게 악덕의 부재와 미덕을 원한다. 미덕에 대한 욕망은 행복을 바라는 욕망만큼 보편적 현상은 아니지만, 그래도 그에 못지않게 진정한 것이다. 그리하여 공리주의 기준에 반대하는 사람들은 행복 이외에도 인간 행위의 궁극적 목적이 되는 것(미덕)이 있고, 더 나아가 행복이 어떤 행위를 승인하거나 부인하는 기준이 될 수 없다고 주장한다.

행복과 미덕의 차이

하지만 공리주의가 사람들이 미덕을 원하지 않는다거나 미덕은 욕망의 대상이 아니라고 말한 적이 있는가? 오히려 정반대이다. 공리주의는 미덕이 바람직할 뿐만 아니라 그 자체로 사심 없이 욕망해야 할 대상이라고 주장한다. 공리주의 도덕가들이 미덕을 미덕으로 만들어주는 원래의 조건들에 대하여 어떤 의견을 갖고 있건 간에, 그들이 아무리 어떤 행위와 기질은 미덕 이외의 다른 목적을 갖고 있기에 덕스러운 것이 된다고 생각하건 간에, 이런 전제를 받아들이고 또 그에 따른 고려사항들로부터 어떤 것이 덕스러운 것인지 결정되었으므로, 그들은 미덕을 궁극적 목적에 이르는 수단으로 알맞은 것들의 으뜸으로 여길 뿐만 아니

---

37 사실에 비추어 보는 것을 의미함.

라, 미덕이 다른 목적과는 무관하게 그 자체로 각 개인에게 선한 것이라는 심리적 사실 또한 인정한다. 또 그들은 인간의 마음이 이런 식으로 (목적과는 무관하게) 미덕을 사랑하지 않는다면, 인간의 마음이 올바른 상태에 있지 않고, 공리에 순응하는 상태에도 있지 않으며, 일반 행복에 이르는 최선의 상태도 아니라고 본다. 미덕이 발휘되는 각각의 사례에서 소기의 결과를 거두지 못하고 또 미덕으로 칭송받는 근거가 되는 결과를 낳지 못한다고 하더라도, 그들은 여전히 미덕을 존중한다.

이러한 의견은 행복 원리로부터 조금도 벗어나지 않는다. 행복의 구성 요소들은 아주 다양하고 각 요소는 여러 요소들이 하나로 뭉쳐 있을 때만 바람직한 것이 아니라 그 자체로도 바람직하다. 공리주의는 어떤 특정한 쾌락(가령 음악)이나 어떤 고통으로부터의 면제(가령 건강)를 행복이라는 용어로 묘사되는 어떤 집단적인 것의 한 요소로만 바라보지는 않고 또 그것들이 그런 요소이기 때문에 바람직하다고 생각하지도 않는다. 음악이나 건강은 그 자체로 욕망의 대상이 되고 또 바람직한 것이다. 이것들은 수단인가 하면 동시에 목적의 한 부분이기도 하다.

공리주의 이론에 의하면, 미덕은 원래 자연적으로 그 목적(행복)은 아니고 단지 그렇게 될 가능성이 높다. 사람들은 미덕이 행복으로 가는 수단이어서 애지중지하는 것이 아니라, 행복의 한 부분이기 때문에 원하고 또 소중히 여기는 것이다.

돈: 행복의 수단이며 한 부분

이런 점을 좀 더 예증하기 위하여, 미덕 말고도 원래 수단이었다가 목적의 일부분으로 격상된 것이 있음을 기억할 필요가 있다. 가령 돈이 그런 경우이다. 돈은 다른 어떤 것을 얻기 위한 수단으로만 남았더라면 관심의 대상이 되지 못했을 것이다. 하지만 그것이 수단이 되어 얻을 수 있는 것들과 함께 연상됨으로써 돈은 그 자체로 욕망의 대상이 되었고 그것도 아주 강렬한 욕망을 불러일으키게 되었다. 사실 돈은 원래 반짝거리는 조약돌 무더기만큼이나 사람의 관심을 받을 만한 대상이 아니었다. 그 가치는 그것이 사들일 수 있는 물건들의 가치일 뿐이다. 사람은 돈 그 자체보다 다른 물건들을 욕망하는 것이고, 돈은 그런 욕망을 충족시켜 주는 수단인 것이다.

그렇지만 돈에 대한 애착은 인간 생활의 가장 강력한 동인(動因)일 뿐만 아니라, 돈은 많은 경우 그 자체로 욕망(갈망)의 대상이 된다. 종종 돈을 소유하고 싶은 욕망은 그것을 사용하고 싶은 욕망보다 훨씬 강하다. 그리하여 돈 너머에 있는 욕망, 돈으로 충족시킬 수 있는 욕망이 성취되어 감퇴하는데도 불구하고 돈 욕심은 더욱 커지기만 한다. 그러니 돈은 어떤 목적을 위해서가 아니라 목적의 일부분으로서 욕망의 대상이 된다고 말할 만하다. 돈은 행복으로 가는 수단에서 진일보하여 그 자체가 개인의 행복 개념에서 중요한 구성 요소가 되었다.

인간 생활에서 사람들이 간절하게 욕망하는 대부분의 것들에 대해서도 같은 말을 해볼 수 있다. 가령 권력과 명예가 그런 것들이다. 다만 권력과 명예는 획득하는 즉시 일정한 양의 쾌락이 따라 나오기 때문에, 원래 그런 쾌락이 그 둘 속에 내재된 것처럼 보인다는 게 돈과는 다른 점이다. 아무튼 권력과 명예는 우리의 다른 소원들을 성취해준다는 점에서 아주 강력한 유혹이다. 권력/명예와 (돈, 여자, 관직 등) 우리가 욕망하는 대상들 사이에는 강력한 연결 관계가 있기 때문에, 그 둘을 바라는 욕망의 강도는 아주 높아진다. 그리하여 어떤 인물들의 권력욕이나 명예욕은 다른 욕망들을 완전히 압도할 정도로 강인하다. 이런 경우에 수단이 목적의 일부분이 되었고, 그 수단으로 성취할 수 있는 것보다 더 중요하게 되었다.

한때 행복의 성취를 위한 도구로서 욕망되었던 것이, 이제는 그 자체로 욕망의 대상이 되었다. 이처럼 그 자체로 욕망의 대상이 되었기 때문에 그것은 행복의 일부분으로서 욕망된다. 돈, 권력, 명예를 소유한 사람은 단지 그것을 소유한 사실만으로 행복하다고 느끼거나, 아니면 자신이 앞으로 행복하게 될 거라고 생각한다.

음악을 좋아하고 건강을 유지하는 것이 행복한 일이듯이, 돈, 권력, 명예에 대한 욕망은 행복에 대한 욕망과 다를 바가 없다. 그런 것들은 행복 속에 포함되어 있다. 다시 말해 행복에 대한 욕망을 구성하는 기본 요소들이다. 행복은 추상적인 관념이 아니라 구체적인 전체이다. 따라서 이 기본 요소들은 행복의 일부이다.

공리주의의 기준은 그런 요소들이 행복의 일부라는 사실을 인정하고 승인한다. 만약 이런 행복의 원천들이 잘 마련되어 있지 않다면 인생은 아주 슬픈 것이 되었으리라. 다행히도 자연은 그런 것들을 마련해주었다. 그것들은 원래 별 관심의 대상이 아니었으나, 우리의 원초적 욕망을 충족시키는 데 도움을 주거나, 아니면 그런 욕망과 단단히 결부되어, 그 자체가 원초적 쾌락보다 더 가치 있는 쾌락의 원천이 되었다. 그 욕망의 대상들은 인간이 생활하는 공간 속에서 항구적으로, 더 나아가 강도 높게 위력을 발휘하고 있다.[38]

---

38 금전욕, 권력욕, 명예욕 같은 인간의 대표적인 욕망이 인간 생활의 구석구석에 스며들어서 지속적으로 그 위력을 발휘하고 있으며 인간은 나이 들어 갈수록 그 욕망에 대한 집중도가 높아져 간다는 뜻.

공리주의의 관점에서 본 미덕

공리주의의 관점에서 보자면, 미덕은 이런 종류의 선이다. 처음에는 그것이 쾌락을 유도한다는 것, 특히 고통으로부터 보호해준다는 것 이외에는, 미덕에 대한 원초적인 욕망이나 동기는 없었다. 그러나 위에서 말한 쾌락과 보호의 연결 관계로 인해, 미덕은 그 자체로 선으로 느껴지게 되었고, 다른 선 못지않게 강한 열망으로 바라는 것이 되었다. 미덕과 금전욕/권력욕/명예욕 사이에는 이런 차이가 있기 때문에, 후자의 욕망이 강한 사람은 그가 소속된 사회에서 불쾌한 존재로 여겨지나, 미덕을 갖춘 사람은 소속 사회에서 축복을 가져오는 존재로 여겨진다. 그가 아무런 사심 없이 미덕을 함양했기 때문이다.

따라서 공리주의의 기준은 이런 획득된 욕망들이 일반 행복에 도움이 되는 것이 아니라 피해를 주는 지점에 이르기 전까지 확대되는 것을 승인한다. 또 미덕은 일반 행복에 무엇보다 중요한 것이므로 가능한 한 많이 개발되기를 권장하고 요구한다.

지금까지 살펴본 고려사항들을 감안할 때, 행복을 제외하고는 실제로 욕망의 대상이 되는 것은 없다는 결론이 나온다. 그 자체를 넘어서는 목적, 궁극적으로는 행복을 얻기 위한 수단이 아니면서 욕망의 대상이 되는 것은, 그 자체가 행복의 일부로서 욕망되는 것이다. 행복의 일부가 되기 전 그 자체로는 욕망의 대상이 되지 않는다.[39]

미덕을 미덕 그 자체로 욕망하는 사람은, 미덕을 의식하는 것이 쾌락을 주기 때문에, 혹은 미덕이 없는 상태를 의식하는 것이 고통을 주기

---

39 밀은 여기서 미덕이 행복의 일부분이 될 수 있을 때 비로소 욕망의 대상이 될 수 있고, 미덕 그 자체로서는 욕망의 대상이 되지 못한다고 암시하고 있다.

때문에, 또는 이 두 가지 이유 모두 때문에, 미덕을 원한다. 그러나 쾌락과 고통은 따로따로 존재하는 법이 거의 없다. 미덕을 획득하면서 쾌락을 느끼는 그 사람이, 동시에 그것을 더 많이 성취하지 못해 고통을 느낀다. 미덕의 획득이 그에게 쾌락을 주지 못하거나, 미덕을 더 많이 성취하지 못한 것이 고통을 주지 않는다면, 그는 미덕을 사랑하거나 욕망하지 않을 것이다. 아니면, 미덕이 그 자신에게 혹은 그가 좋아하는 다른 사람들에게 가져다주는 혜택 때문에 미덕을 욕망하게 될 것이다.

행복은 인간 행위의 유일한 목적

이렇게 하여 우리는 이제, 공리의 원리는 어떤 종류의 증명을 내놓을 수 있는가 하는 질문에 답변을 할 수 있게 되었다. 내가 방금 진술한 의견이 심리적으로 진실이라면, 즉 인간의 본성이 행복의 일부분이거나 행복의 수단이 되는 것 이외에는 욕망하지 않는 심적 구조를 갖고 있다면, 이 행복의 일부분과 행복의 수단이 인간이 욕망하는 유일한 것이라는 말 이외에 다른 증명은 없으며, 또 다른 증명을 필요로 하지도 않는다. 만약 이것이 진실이라면 행복은 인간 행위의 유일한 목적이고, 행복의 증진은 모든 인간 행위를 판단하는 잣대가 된다. 그리고 이로부터 필연적으로 행복이 도덕의 기준이 되어야 한다는 결론이 나온다. 부분(행복의 수단)은 전체(행복)에 포함되기 때문이다.

이제 이것이 정말로 그런지 결정해야 한다. 인류는 정말로 그 자신에게 쾌락을 주는 것 이외에는 욕망하지 않으며, 쾌락의 부재를 고통으로 느끼는가? 우리는 이제 사실과 경험의 문제에 도달했다. 모든 유사한 문제들이 그러하듯이, 증거에 의존하는 문제이다. 이 문제는 남들의 관찰사항으로부터 도움을 받아가며 자의식과 자기 관찰을 실천함으로써 해결할 수 있다. 이렇게 확보한 증거들을 공평하게 참고한다면, 어떤 대상을 욕망하여 그것이 쾌락임을 발견하는 것과, 어떤 대상을 싫어하면서 고통이라고 생각하는 것은, 서로 떼어놓을 수 없는 현상 혹은 동일한 현상의 두 측면임을 알게 될 것이라고 생각한다.

좀 더 엄밀하게 말해 보자면, 동일한 심리적 사건을 두 개의 다른 이름으로 부르는 것이다. 어떤 사물을 욕망의 대상으로 생각하면서(그 욕망의 결과 때문이 아니라 그냥 그 사물 자체로 바람직하다고 생각하면서) 그것을 즐겁다고 생각하는 것은 하나이면서 같은 것으로서, 말하자면 동전의 양면이다. 어떤 대상을 생각할 때 그것이 유쾌하지도 않는데 그것을 욕망하는 일은 물리적으로나 형이상학적으로나 불가능하다.[40]

내게는 이런 주장이 너무나 명백한 사실로 보여서 여기에 대하여 반론이 없을 것으로 기대한다. 혹시 반론이 나온다면, 아마도 욕망은 고통의 면제와 쾌락 이외의 다른 궁극적인 것을 지향할 수도 있다고 반론을 펴는 게 아니라 의지는 욕망과는 다른 것이라고 주장할 것이다. 그들에 따르면 굳건한 미덕과 확고한 목적의식을 가진 사람은 그런 미덕과 목적을 실행하는 과정에서 쾌락 따위는 생각하지 않고, 또 목적을 완수한 다음에도 쾌락을 기대하지 않는다. 그들은 고집스럽게 미덕과 목적을 수행한다. 그들의 성격 변화와 수동적 감수성(욕망)의 퇴화로 쾌락이 크게 줄어들고, 또 그 목적을 추구하는 과정에서 생겨나는 고통에 압도되는 한이 있더라도 계속 밀고 나간다. 나는 이런 반론을 모두 인정하고

---

40 여기에 대해서는 반론이 제기될 수 있다. 가령 신라의 이차돈이 불교를 위해 목숨을 내놓은 것, 화랑 관창이 황산벌에서 여러 번 계백 장군에게 도전하다가 죽은 것 등은 그리 유쾌하지 않은데도 욕망한 경우이다.

그런 입장을 다른 곳[41]에서 아주 긍정적이고 힘차게 진술했다.

의지는 욕망의 자식, 습관의 결과물

능동적 현상인 의지는 수동적 감수성인 욕망과는 다른 것이다. 의지는 원래 욕망의 자식이지만 시간이 흘러가면서 자기만의 뿌리를 내려서 부모로부터 독립했다. 그리하여 습관적 목적의식의 경우, 우리는 어떤 것을 욕망하기 때문에 그 대상에 대하여 의지를 표명하는 것이 아니라, 종종 그 대상에 대하여 의지를 갖고 있기 때문에 욕망을 느낀다. 이것은 잘 알려진 사례로서 습관의 힘이라는 것인데, 미덕의 행위에만 국한되는 것은 아니다. 습관은 다음 세 가지 양태가 있다.

첫째, 원래 특정 동기를 가지고 했던 수많은 다른 행위들을 단지 습관적으로 계속하는 것이다. 때로는 그 행위를 무의식적으로 수행하며 행동이 끝난 후에야 그것을 의식하기도 한다.

둘째, 의식적 결심 아래 어떤 행위를 하지만 그 결심도 곧 습관적인 것이 되어버려서 그저 습관의 힘에 의해 움직이게 된다. 다만 이것은 나쁜 습관이나 해로운 탐닉에 빠져드는 사람들의 의도적인 선택과는 대조를 이룬다.

셋째, 개별 사례 속에서 발견되는, 의지에 따른 습관적 행위가 있다. 이 행위는 일반적 의도와 배치되지 않으며 오히려 그 의도를 성취한다. 가령 확고한 미덕의 소유자라든가 미리 결정된 목적을 일관되게 꾸준히 추구하는 사람이 그런 경우이다.

---

41 밀의 『논리학 체계(*System of Logic*)』 제4권 2장 4절.

이런 식으로 이해된 의지와 욕망의 구분은 확실히 중요한 심리적 사실인데, 핵심은 이렇다. 의지는 우리 인간의 구조상 다른 모든 부분과 마찬가지로 습관의 지시에 따르며, 우리가 그 자체로는 욕망 또는 갈망하지 않는 것을 습관 때문에 의지를 표명하는 경우도 있고, 우리가 의지를 표명했기 때문에 욕망하는 경우도 있다.

처음에 의지는 전적으로 욕망에서 생겨났다. 고통을 밀어내는 것이나 쾌락을 끌어당기는 것 모두가 욕망에서 출발한다. 여기서 올바른 일을 하려는 확고한 의지를 가진 사람 말고, 미덕의 의지가 다소 허약하여 유혹에 무너질 수 있고 그리하여 전적으로 신용하기는 어려운 사람의 경우를 한번 살펴보자. 어떻게 하면 그의 미덕의 의지를 강화할 수 있을 것인가? 미덕의 의지가 충분한 힘을 발휘할 정도로 존재하지 않는 곳에서, 어떻게 하면 미덕의 의지를 뿌리내리게 하고 또 일깨울 수 있을 것인가?

그 사람이 미덕을 갈망하게 만드는 수밖에 없다. 그가 미덕을 즐거운 관점에서 바라보고 미덕의 부재를 고통의 관점에서 바라보도록 하는 것이다. 옳은 행동을 쾌락과 결부시키고, 그른 행동을 고통과 연결시키는 것이다. 또는 그 사람에게 옳은 행동에 깃든 쾌락을 체험시키고 그른 행동에 들어 있는 고통을 그 사람에게 가르치고, 각인시키고, 체득시키는 것이다. 그런 다음에 덕스럽게 되겠다는 의지를 발동시키고, 또 그 의지가 굳건하게 되면, 쾌락이나 고통에 대한 생각 없이 곧바로 행동이 나오게 된다.

의지는 욕망의 자식이나, 부모로부터 벗어나서 습관의 영역으로 들어간다. 습관의 결과물인 의지가 본질적으로 선한 것이라는 말은 아니다. 미덕의 목적이 쾌락과 고통으로부터 독립적이기를 바랄 이유는 없다.

미덕을 촉진하는 쾌락과 고통의 연상작용이 불충분하여 습관으로까지 굳어지지 못하면 덕 있는 행동의 일관성이 보장되지 못한다.

감정이나 행위에 확실성을 부여하는 것은 습관뿐이다. 어떤 사람의 감정이나 행동이 일관성을 유지하는 것이 남들에게도, 또 그 사람 자신에게도 중요한 것이기 때문에 올바른 행동을 하려는 의지는 잘 개발되어 독립적인 습관이 되도록 해야 한다. 달리 말해서, 의지의 상태는 선으로 가는 수단이지 그 자체가 본질적으로 선은 아니다. 그리고 이런 상태는, 그 자체로 쾌락이거나 쾌락을 주거나 혹은 고통을 면제해주는 수단이 아닌 것은 인간에게 선한 것이 아니라는 공리주의의 가르침과도 모순되지 않는다.

이 이론이 참된 것이라면, 공리의 원리는 증명이 되었다. 이것이 참인지 아닌지 여부는 이제 사려 깊은 독자의 몫으로 남게 되었다.

제5장

정의와 공리의 상관관계에 대하여

모든 사변적 탐구의 시대를 통틀어, 공리 혹은 행복이 옳음과 그름의 기준이라는 사상에 가장 강력한 장애물 중 하나는 정의라는 개념이었다. 정의라는 용어가 강력하게 환기시키는 정서와 명백한 인식은 너무나 빠르고 확실하게 우리에게 다가와 거의 본능처럼 느껴진다. 그래서 대부분의 사상가들은 정의가 사물들의 본질적 특성이라고 말했으며, 정의가 자연계 내에서 절대적인 그 무엇으로 존재한다고 생각했다.

좀 더 부연하면, 정의는 그 모든 종류의 편의와는 뚜렷하게 구분되고, 사상의 관점에서 보자면 정의와 편의는 서로 정반대라고 보았다. 그렇지만 실제에 있어서 그리고 장기적인 관점에서 보면 정의와 편의는 결코 분리되어 있지 않다(하지만 사람들은 그 둘이 서로 분리된 것이라고 흔히들 생각한다).

정의감은 선천적인 것인가?

정의의 경우, 우리의 다른 도덕적 감정이 그러하듯이, 그 근원과 구속력 사이에는 필연적 관계가 없다.[42] 자연에 의해 어떤 감정이 우리에게 부여되어 있다고 해서, 그것이 그 감정이 재촉하는 모든 것을 반드시 합법으로 만들어주지는 않는다. 정의감은 독특한 본능일 수 있고, 우리의 다른 본능들과 마찬가지로 더 높은 이성에 의하여 통제되고 향상될 수 있다. 우리는 특정한 방향으로 행동하게 하는 동물적 본능뿐만 아니라, 특정한 방향으로 판단을 내리게 하는 지적 본능도 가지고 있다. 하지만 지적 본능이 자기 고유 분야에서 동물적 본능보다 덜 오류를 저지른다는 법은 없다. 동물적 본능 때문에 그릇된 행동을 할 수 있는 것처럼 때때로 지적인 본능 때문에 그릇된 판단을 내릴 수도 있는 것이다. 자연스럽게 생겨나는 선천적 정의감을 믿는 것하고, 그 감정을 행위의 기준으로 삼는 것은 전혀 별개의 문제이다. 그렇지만 실제로는 이 둘은 서로 긴밀하게 연결되어 있다.

인류는 주관적 감정은 어떤 객관적 현실의 나타남[43]이라고 믿는 경향이 있다. 그렇게 믿지 않는다면 그런 감정을 설명할 길이 없다고 보는 것이다. 그래서 지금 이 순간 우리의 당면 과제는 다음과 같은 의문을 해결하는 것이다.

---

42 정의가 선천적인 것인지 아니면 후천적인 것인지 하는 문제는, 정의가 인간을 구속하는 힘과는 상관이 없다는 뜻.

43 행복이라는 느낌을 가지고 설명해본다면, 어떤 사물, 사건, 사람(객관적 현실)이 외부에 객관적으로 존재하고 있어서 그것이 우리의 주관적 감정을 일으켜 행복하다고 느끼는 것이고, 이런 것들 혹은 그에 대한 기억이나 감각이 전혀 없는 데서는 행복의 느낌이 일어나지 않는다고 생각하는 것.

– 정의감을 일으키는 객관적 현실은 과연 그런 특별한 나타남(외양)을 갖고 있는가?

– 어떤 행위의 정의 혹은 부정의는 본질적으로 특수하여 그 행위 속의 다른 성질들과 완연히 구분되는 것인가?

– 아니면 어떤 특수한 양상(상황) 아래에서 그 행위의 여러 성질들 중 어떤 성질들만 결합하여 그런 외양을 띠게 되는 것인가?

이런 질문에 답하기 위하여 정의와 불의에 대한 감정이 우리의 색채 감각이나 미각처럼 그 자체로 특수한 것인지, 아니면 다른 감정들이 결합하여 파생된 것인지 알아보아야 한다. 이 둘을 구분하는 것은 여기서 중요한 문제다. 왜냐하면 일반 대중은 다음의 사실을 기꺼이 받아들이려 하기 때문이다. 즉, 객관적으로 보아 정의의 명령은 일반 편의(사회 전체의 편의)라는 분야의 특정한 부분과 부분적으로 일치한다는 것이다. 하지만 정의에 대한 주관적 감정은 보통 편의(便宜, expediency)라고 부르는 것과는 달라서, 아주 예외적인 경우를 제외하고는 그 요구 사항을 지켜주기를 엄격하게 명령한다. 그래서 사람들은 정의가 일반 공리의 한 특수한 종류 혹은 분야라고 생각하지 않으며, 정의의 음산한 구속력은 다른 근원에서 나온 것이라고 생각한다.

이 문제를 해명하기 위해서, 정의 혹은 불의의 뚜렷한 특징이 무엇인지 알아볼 필요가 있다. 그런데 정의는 다른 많은 도덕적 속성과 마찬가지로 그 반대의 것에 의해서 더 잘 정의된다. 그리하여 우리는 불의의 행동은 어떤 성질을 갖고 있는지, 모든 불의의 행동에 적용되는 공통적인 속성이 있는지, 비난을 받기는 하지만 불의라는 딱지는 붙지 않는 행동과 서로 뚜렷이 구분되는지 알아보아야 한다. 가령 사람들이 익숙하게 정의 혹은 불의라고 규정하는 모든 것들에서 어떤 공통 속성 혹은 속성들의 집합이 발견된다고 해보자. 그러면 우리는 다음의 사실을 판단해야 한다.

- 그 속성(들)이 인간 감정의 일반 법칙에 의하여 주위에 어떤 특수한 특징과 강도의 감정을 결집시키는가?

- 아니면 그 속성(감정)이 설명할 수 없는 것이며 자연의 특별한 배려라고 보아야 하는가?

만약 감정의 일반 법칙에 의한 것이라면 우리는 이 문제를 해결하면서, 정의와 불의를 구분하는 문제도 해결하게 된다. 만약 자연의 특별한 배려라고 한다면 우리는 이 문제에 대하여 다른 추적 방식을 선택해야 한다.

정의와 불의를 구분하는 5가지 기준

다양한 대상들의 공통 속성을 파악하기 위해서는 먼저 그 대상들의 구체적 면면을 조사하는 것으로 시작해야 한다. 따라서 보편적 혹은 일반적 의견에 의해 정의 혹은 불의라고 분류되는 행위의 양식과, 이어 인간사(人間事)의 여러 제도들을 살펴보기로 하자. 정의와 불의 같은 이름들과 관련되는 감정을 일으키는 사물들은 아주 다양한 특성을 가지고 있다. 나는 여기서 그 특성들과 관련된 특수한 제도는 고찰하지 않고, 그 특성 다섯 가지만 지나가듯이 신속하게 검토해보겠다.

첫째, 어떤 사람에게서 그의 개인적 자유, 재산, 기타 법률에 의해 그의 소유로 인정되는 것을 빼앗아가는 행위는 불의한 일로 간주된다. 여기서 우리는 정의와 불의라는 용어를 적용할 수 있는 아주 명백한 경우를 발견한다. 즉 어떤 사람의 **법적 권리**를 존중하는 것은 정의이고, 반대로 침해하는 것은 불의이다. 그러나 이 판단은 여러 예외 조항들을 인정하는데, 이런 예외는 정의와 불의의 관념이 별도의 형태를 취하면서 구체화하기 때문에 생겨난다. 예를 들어, 어떤 권리를 박탈당한 사람은 그 권리를 **몰수당했기** 때문에 그런 박탈을 받아들일 수밖에 없다.[44] 이에 대해서는 곧 다시 다루게 될 것이다.

둘째, 그가 박탈당한 법적 권리는 **그가 받아들일 수 없는** 권리일 수도 있다.[45] 달리 말해서, 그에게 이런 권리를 부여하는 법률은 악법일 수도 있다. 사정이 그렇다면 혹은 그렇다고 생각된다면(어느 쪽이든 우리의 논의에는 마찬가지지만), 그 법률을 위반한 것이 정의인지 혹은 불의인지 의견이 엇갈릴 수 있다.

어떤 사람들은 아무리 악법이라 할지라도 각 시민이 거기에 불복종해서는 안 된다고 주장한다. 그 시민이 악법에 반대하는 입장을 보여주려 한다면 관련 기관에 호소하여 그 악법을 바꾸려는 시도로 구체화해야 한다. 이 의견은 편의를 근거로 하여 그런 주장을 편 사람들의 생각인데, 주로 법에는 무조건 복종해야 한다는 감정이 인류의 공동 이익에 기여한다는 의미다. 그러나 이 무조건 복종주의가 인류에게 많은 혜택을 가져다준 저명한 사람들을 얼마나 많이 단죄하였고, 또 그 당시에 권위적인 제도에 저항하여 시민이 행사할 수 있는 유일한 무기(불복종)를 억

---

44 가령 어떤 개인이 벌금을 물게 되어 재산권의 일부를 박탈당하고, 죄를 짓고 감옥에 갇혀 개인적 자유를 박탈당하며, 중죄를 저지르고 처형당해 생명의 권리를 잃는 경우다.

45 시민의 불복종을 주장한 헨리 데이비드 소로는 매사추세츠 주의 인두세 법을 지키지 않아 하루 동안 구치소에 갇힌 적이 있었다. 그의 주장은 인두세가 멕시코 전쟁이라는 불의한 전쟁을 지원하는 데 사용되기에 그 돈을 납부할 수 없다는 것이었다. 소로는 투옥되어 구속되지 않을 권리를 박탈당했으나, 차라리 투옥되는 것을 선택함으로써 그런 보호의 권리를 거부했다.

누르며 유해한 기관들을 얼마나 많이 보호해주었던가![46]

그러나 이와는 정반대 의견을 갖고 있는 사람들은 이렇게 주장한다. 악법에 불복종하는 것은 아무런 비난 사유가 되지 않으며, 심지어 불의하지는 않더라도 불편을 안겨주는 법이라면 지킬 필요가 없다. 그러나 어떤 사람들은 불의한 법률에 대해서만 불복종해야 한다고 주장한다. 또 어떤 사람들은 불편한 법은 모두 불의한 법이라고 주장한다. 모든 법률은 인류의 생득적 자유를 제한하는 것이므로, 인류의 이익에 봉사하는 목적으로 정당화되지 않는다면 불의하다는 것이다.

이런 다양한 의견들 가운데서도 다음 사실은 보편적으로 인정되고 있다. 즉, 불의한 법률이 있을 수 있으며, 따라서 법은 정의의 궁극적 기준이 되지 못한다. 어떤 법은 어떤 사람에게는 혜택을 주지만 어떤 사람에게는 피해를 부과하는데, 그런 피해야말로 정의가 비난하는 것이다. 그러므로 어떤 법률이 불의하다고 간주되는 것은, 법률의 위반이 불의가 되는 것과 똑같은 방식으로 그렇게 되는 것으로 보인다. 불의란 누군가의 권리를 침해하는 것이기 때문이다. 그런데 이 경우 그 권리는 법적 권리가 될 수 없으므로 소위 도덕적 권리[47]라는 다른 명칭으로 불린다. 그러므로 불의의 두 번째 사례는 어떤 개인이 가지고 있는 **도덕적 권리**를 박탈하거나 유보하는 경우이다.

셋째, 각 개인이 **자신의 공로에 따라** 좋고 나쁜 결과를 얻는 것은 정의롭고, 그가 그럴 만한 공로가 없는데 이익을 본다든지 반대로 손해를 보

---

46 지동설을 주장한 갈릴레오나 종의 기원을 밝힌 찰스 다윈을 생각해보자.

47 영국의 식민주의에 반대한 마하트마 간디나 인종 차별주의에 반대한 마틴 루터 킹 목사의 권리 등이 있다.

는 것은 불의라고 널리 간주된다. 이것이 일반 대중이 불의라고 하면 마음속에 품게 되는 개념 중 가장 분명하고 확실한 형태의 것이다. 정의든 불의든 공로라는 개념이 개재되므로, 여기서 공로의 구체적 내용은 무엇인가 하는 의문이 떠오르게 된다. 일반적으로 말해서 각 개인은 옳은 일을 하면 이익(선)을 받을 자격이 있고, 나쁜 일을 하면 피해(악)를 보게 되는 것으로 널리 이해된다. 좀 더 구체적으로 말해보면, 그 개인이 어떤 사람에게 선한 일을 해주었으면 선을 받을 자격(공로)이 있고, 악한 일을 해주었으면 악을 받게 된다. 악을 선으로 갚는 것은 정의가 달성된 사례로 간주되지 않는다. 오히려 다른 고려사항을 반영하려다 정의의 요구가 묵살된 것으로 간주된다.

넷째, 어떤 사람과의 관계에서 **신의를 지키지 않는 것**은 불의라고 여겨진다. 가령 명시적이거나 묵시적인 약속을 위반한다거나, 자기 자신의 의식 있는 자발적 행동으로 남들에게 일으켜 놓은 기대감을 꺼뜨리는 것 등이 그에 해당한다. 이미 앞에서 말한 정의의 다른 의무사항들과 마찬가지로, 이런 의무는 절대적인 것으로 간주되지는 않고, 지키지 않아도 되는 경우도 있다. 가령 신의를 지켜야 하는 측에 다른 더 강력한 의무사항이 생겼다든지, 또 상대방이 그에 대한 우리의 의무를 해제시켜주는 방식으로 행동하여 상대방에게 돌아가야 하는 혜택이 **몰수**될 때가 그러하다.

다섯째, **편파적으로** 행동하는 것은 정의에 부합하지 않는다고 널리 생각된다. 가령 어떤 혜택이나 우대를 해주어야 할 상황이 전혀 아닌데도 을 대신에 갑에게 더 많은 혜택이나 우대를 주는 경우다. 그러나 공정함은 그 자체로 하나의 의무사항으로 간주되지는 않고 어떤 다른 의무를 수행하기 위한 도구로 여겨진다. 왜냐하면 혜택이나 우대는 늘 비난의 대상이 되는 것은 아니기 때문이다. 실제로 혜택이나 우대가 비난받는 경우는 일반적이라기보다는 예외적인 것이다. 가령 어떤 사람이 다른 의무를 위반하지 않는 범위 내에서 가족이나 친구에게 낯선 사람들에 비해 더 좋은 혜택을 주거나 우대를 해주지 않는다면 그는 칭찬이 아니라 비난을 받을 것이다. 또 어떤 사람이 갑 대신에 을을 친구, 친지, 동료로 선택한다고 해서 불의한 짓을 저질렀다고 비난당하지도 않는다.

그러나 권리가 관련되어 있는 곳에서 공정함은 의무사항이고, 모든 사람에게 각자의 권리를 부여해야 한다는 좀 더 일반적인 의무에서도 지켜야 할 사항이다. 예를 들어, 재판소는 공정해야 한다. 왜냐하면 법원은 다른 고려사항을 일체 배제하고 중립적으로 판단하여, 두 소송 당사자 중 어느 한쪽의 손을 들어주어야 하기 때문이다. 오로지 공로만 따지는 경우에도 공정함이 필요하다. 가령 판사, 교사, 부모는 어느 쪽에도 치우치지 않는 방식으로 상을 주고 벌을 내려야 한다. 정부 관직에 임명할 여러 후보자들 중 한 사람을 뽑는 경우에도 공정하게 선정을 해야 한다. 요약하면, 정의의 의무사항인 공정함은 오로지 문제가 되는 사항에 정당한 영향을 미치는 사항들만 고려하는 것을 뜻한다. 그리고 그런 고려사항들의 명령으로부터 벗어나는 행동을 하도록 부추기는 다른 동기들의 호소는 결연히 물리친다는 의미이다.

평등 대 불평등

공정함과 거의 형제 같은 개념으로는 **평등**이 있다. 평등은 정의와 그 실천에서 반드시 개재되는 요소이며, 많은 사람들에 의해 정의의 핵심 요소로 여겨진다. 그런데 이 문제에서도 다른 문제들 이상으로 정의의 개념이 사람들에 따라 다르게 나타나는데, 그 이유는 사람들이 저마다 공리의 개념을 다르게 파악하기 때문이다. 각 개인은 평등이 정의의 명령이라고 주장하면서도, 본인이 생각하기에 편의가 불평등을 요구하는 경우는 예외라고 본다. 모든 사람의 권리를 공평하게 보호하는 것이 정의라고 주장하는 사람들이, 동시에 권리의 문제에서 가장 노골적인 불평등을 지지하는 사람들이기도 하다. 노예제도를 유지하는 국가들에서도, 이론적으로는 노예의 권리가 주인의 권리 못지않게 신성하다고 인정한다. 그리하여 노예의 권리든 주인의 권리든 그것을 엄격하게 단속하지 않는 법원은 정의감이 부족하다고 여겨진다. 그러나 동시에 노예에게 이렇다 할 권리를 별로 허용하지 않는 제도들은 불편하게 여겨지지 않으며 그 때문에 불의하다고 여겨지지도 않는다.[48]

공리가 신분 차이를 요구한다고 생각하는 사람들은 부와 사회적 특권이 불평등하게 분배되는 것을 불의라고 생각하지 않는다. 그러나 그것을 불평등이라고 생각하는 사람은 그것이 불편할 뿐만 아니라 불의하다고 여긴다. 정부라는 제도가 필요하다고 생각하는 사람은 일반인에게는 주지 않는 권리를 행정 관리들에게 부여하는 것을 불평등이라거나 불의라고 생각하지 않는다. 심지어 평등 사상을 믿는 사람들 사이에서도 편의에 대한 의견이 각양각색이듯이 정의에 대해서도 많은 생각이 있다. 일부 공산주의자들은 공동체의 노동 생산물이 균등하게 분배되는 것 이외에 다른 방식으로 분배되는 것을 불의라고 생각한다. 다른 사람들은 가장 필요로 하는 사람이 가장 많은 양을 가져가야 한다고 생각한다. 또

---

48 밀이 『공리주의』를 집필할 당시(1861)에 미국은 아직 노예제도를 유지하고 있었다. 밀은 헌법 전문에 모든 사람은 평등하게 태어났다고 선언하고서, 실제로는 경제적 이득 때문에 노예제도를 폐지하지 못하는 미국에 대하여 은근하게 비판을 가하고 있다.

어떤 사람들은 더 열심히 일한 자, 더 많은 양을 생산한 자, 공동체에 더 많은 기여를 한 자 등이 생산물의 분배에서 더 많은 몫을 요구하는 게 정당하다고 생각한다. 이러한 의견을 제시하는 사람들은 저마다 선천적 정의감에 그럴듯하게 호소하며 자신의 주장을 강화한다.

정의라는 단어의 어원

정의(正義)라는 용어는 다양한 용례들에서 분명한 뜻으로 사용되지만, 그런 용례들을 함께 묶어주고 또 그 용어에 결부된 도덕 감정을 지탱해주는 정신적 연결고리를 파악하는 것은 어려운 일이다. 이처럼 난처할 때는, 정의라는 용어의 어원에서 드러난 그 용례의 역사를 살펴보면 좀 도움이 될 것이다.

모든 언어는 아니지만 대부분의 언어에서, 정의에 해당하는 단어의 어원은 실정법(實定法: positive law)[49]이나 자연법(권위를 갖는 관습)과 관련된 근원을 가리킨다. 정의를 가리키는 라틴어 justum은 '명령하다'라는 뜻을 가진 라틴어 동사 jubeo의 분사형인 jussum(명령된 것)에서 나왔다. 법을 지칭하는 jus도 jubeo(명령하다)라는 동사에서 나왔다. 정의를 가리키는 그리스어 '디카이온'(Δίκαιον)은 '디케'(δίκη)에서 온 것인데, 이 단어는 법정 소송을 의미했다.

원래 정의는 일을 처리하는 **방식**만을 의미했으나 곧 미리 **규정된** 방식을 의미하게 되었다. 그리고 이어서 가부장제, 사법 당국, 행정 당국 등

---

49 실정법은 입법부, 법원, 기타 인간의 제도에 의해서 만들어진 법률을 의미하며, 그 법의 입법자가 원하는 형태를 취한다. 종종 자연법과 대비된다. 자연법은 인간 행동의 규범을 뒷받침한다고 생각되는 불변의 도덕 원칙을 가리키는 것으로서, 관습법 혹은 도덕법이라고도 한다.

이 그 규정된 방식을 강요하여 정착시켰다. 정의를 가리키는 독일어 단어 recht는 right, righteous에서 온 것으로 법률과 동의어이다. recht의 원래 뜻은 법률이 아니라 사물이 똑바로 서 있는 상태를 가리켰다. 이에 비하여 wrong이나, 이에 해당하는 라틴어 형용사[50]는 왜곡된 혹은 비틀어진 상태를 의미했다. 우리는 이로부터 옳음(곧바름)과 법의 선후관계를 알 수 있다. 원래 옳음(곧바름)이 법을 의미한 것이 아니라, 그와는 반대로 법이 옳음을 의미한 것이다.

이런 사정이야 어찌 되었든 recht나 droit(법률, 권리, 바름)의 의미가 실정법에 국한되었다는 사실은 도덕 사상의 원래 특징만큼이나 의미심장하여 이러한 파생 순서가 거꾸로 된 것 같은 느낌마저 준다.[51] 아무튼 실정법 속에 포함되지 않은 많은 부분이 도덕적 올바름이나 강직함에 필요한 부분이다. 정의의 법정과 정의의 시행은 곧 법원과 행정부를 의미하게 되었다. 그리하여 프랑스어 La justice는 사법부를 의미한다. 여기서 정의라는 개념이 형성될 때의 핵심 아이디어는 법률에 복종하는 것임을 알 수 있다. 정의는 법률에 대한 철저한 복종이라는 개념은 기독교가 탄생될 때까지[52] 히브리인(유대인)들 사이에서 통용되던 개념이었다.

---

50 이에 해당하는 라틴어 단어는 perversus. 라틴-한글 사전을 찾아보면 "거꾸러진, 비뚤어진, 비틀어진, 뒤틀린, 일그러진, 찌그러진, 흐트러진, 잘못된, 그릇된, 나쁜, 사악한, 악의에 찬" 등의 뜻풀이가 나온다.

51 도덕에서 법이 나왔으나, 법의 힘이 너무 강해지다 보니 마치 법에서 도덕이 나온 것처럼 생각하게 되었다는 뜻.

52 기독교는 율법을 철저히 지켜야 구원을 얻는 것이 아니라 하느님을 사랑하고 네 이웃을 네 몸처럼 사랑하면 구원을 얻을 수 있다고 가르침으로써, 기존 유대교의 율법 사상으로부터 획기적인 새 출발을 하게 되었다. 이에 따라 율법이 유대인들에게 철저히 지키기를 요구한 것, 가령 할례 의식이나 돼지고기 안 먹기 등은 철폐되었다.

유대인은 가르침이 필요한 모든 주제에 대하여 율법이 있어야 한다고 생각한 민족이었으니, 그렇게 생각한 것은 당연한 일이었다.

그러나 다른 나라들, 특히 그리스인과 로마인들은 그들의 법률이 원래 사람의 손으로 만들어진 것이고 지금도 계속 만들어지고 있다는 사실을 잘 알았다. 따라서 과거에 법률을 제정한 사람들이 악법을 만들었을 수도 있다고 보았다. 또 법의 보호 없이 개인들이 했더라면 불의하다는 판정을 받았을, 똑같은 동기에서 나온 똑같은 행위들[53]을 법률의 이름으로는 할 수 있다는 것을 알고 있었다. 따라서 불의의 감정은 모든 법률 위반 행위에 대해 생겨나는 것이 아니라, 존재해야 마땅한 법률에 대한 위반 행위에 생겨났다. 여기에는 반드시 있어야 하지만 존재하지 않는 법도 포함되었다. 그리고 진정한 법률에 위배되는 법(악법)에 대해서도 불의의 감정이 야기되었다. 이런 방식으로, 법률과 그 명령은 아직도 정의라는 단어에서 주도적인 개념이다. 또한 오늘날 실제 시행되고 있는 법률이 정의의 기준으로 작용하지 못하는 상황에서도, 여전히 정의는 법적 명령이라는 생각이 강력하다.

인류는 아직도 법률로는 규제되지 않고 그런 규제가 바람직하지도 않은 많은 것들에 대하여 정의와 의무의 개념을 적용할 수 있다고 생각한다. 오늘날 그 누구도 법률이 개인의 사생활 구석구석을 간섭해야 한다고 생각하지 않는다. 그렇지만 누구나 일상적 행위를 하면서 자신의 행동이 정의로운지 아니면 불의한지 보여줄 수 있다고 본다. 그러나 여기

---

53 상대방에 대한 원한 때문에 그 사람의 재산을 강탈하고, 폭력을 가하고, 심지어 생명을 빼앗는 행위는 개인이 저지르면 불의가 되지만, 국가나 국가 관리가 관련 법규(실은 악법)를 내세워 이런 행위를 하면 합법이 될 수도 있다는 뜻.

에서도 법률 위반이라는 생각이 수정된 형태로 남아 있다. 우리가 불의한 행동을 목격했을 때 그것을 처벌받게 해야 한다는 생각은 우리에게 즐거움을 주고, 또 우리가 생각하는 올바름의 태도와도 일치한다. 우리는 그런 처벌을 재판소에만 맡겨두는 것이 편리하다고 생각하지는 않지만, 처벌 조치에 수반되는 불편함 때문에 그런 즐거움을 충족시키기를 단념한다.[54] 우리는 생활 속의 아주 작은 일이라도, 의로운 행위가 시행되고 불의한 행위는 처벌받는 걸 보면 기쁠 것이다. 그러나 우리는 개인을 무제한 감시할 수 있는 권리를 정부 관리에게 주는 것을 두려워하여 그렇게 하지 않는데 여기에는 나름 이유가 있다.

우리는 어떤 사람이 어떤 행동을 해야 정의롭다고 생각할 때, 보통 하는 말로, "강제로라도 시켜!"라고 말하게 될 것이다. 우리는 그렇게 시킬 권력이 있는 사람이 그런 의무사항을 실천하도록 강제하는 모습을 보면 기분이 흡족할 것이다. 그런데 그런 식의 법적 강제가 불편하다는 걸 알게 되면 우리는 그런 사태를 개탄한다. 우리는 불의에 면책을 부여하는 것을 악이라고 여기면서, 우리와 일반 대중이 그 위반자를 크게 못마땅하게 여긴다는 것을 강력하게 표현함으로써 그런 사태를 시정하려고 노력한다. 이렇게 하여 법적 구속력은 여전히 정의의 개념을 발생시키는 사상이 된다. 그렇지만 그 정의의 개념이 현재의 선진 국가에 존재하는 것처럼 완전하게 되려면 여러 번의 변화를 거쳐 가야 한다.

---

54 가령 네거리에서 신호등을 무시하고 무단 횡단하는 보행자에게 그 잘못을 지적하고 그러지 말 것을 경고하면 우리는 즐거움을 느낄 수 있지만 할 일이 많아서 혹은 다른 이유 때문에 그렇게 하지 않는다. 그렇다고 그 신호 위반자가 법원에 가서 약식 재판을 받아야 한다고 생각하지도 않는다.

정의와 도덕적 의무

이상이 정의라는 개념이 생겨난 근원과 그 발전적 성장 과정을 간결하게 더듬어 본 것이다. 하지만 지금까지의 이야기에는 정의라는 의무를 일반적인 도덕 의무와 구분시켜주는 것들에 대해서는 아무런 언급도 하지 않았다. 사실을 말해보자면, 법률의 본질인 형법상의 제재는 불의라는 개념에도 적용되고, 그 어떤 종류의 그릇된 행위에도 적용된다. 우리는 어떤 사람이 그릇된 행동을 하면 그 사람은 이런저런 방식으로 처벌을 받아야 한다는 뜻으로, 그 행위가 잘못되었다고 지적한다. 가령 법률로 처벌되지 않는다면 여론의 지탄을 받아야 하고, 여론도 아니라면 그 행위자의 양심에 의해 가책을 느껴야 한다.

이것이 도덕과 단순한 편의를 구분해주는 결정적 전환점인 듯하다. 도덕은 다양한 형태로 나타나는 의무 개념의 한 부분이다. 의무는 수행해야 한다고 마땅히 강제할 수 있어야 한다. 마치 빚을 받아내는 것처럼 의무를 개인으로부터 받아낼 수 있어야 한다. 그에게서 강제로 받아낼 수 있다고 생각하지 않는다면 어떤 행위를 그의 의무라고 말할 수 없다. 신중함이라든가 다른 사람들의 이해관계 등 그 의무를 실제로 강요하기 어렵게 하는 요인도 있을 것이다. 그렇지만, 당사자 본인은 불평을 할 자격이 없다는 점은 아주 분명하다.

반면에, 남들이 해주기를 바라고, 그런 행동을 했을 때 좋아하거나 존경할 법하고, 그 행위를 안 했을 때 싫어하거나 경멸할 수도 있지만, 반드시 해야 할 의무는 없는 그런 행동도 있다. 우리는 그런 행동들을 비난하지 않으며, 그래서 그들을 처벌 대상이라고 생각하지도 않는다. 우리가 처벌과 불(不)처벌의 기준을 어떻게 설정하게 되었는지에 대해서는 뒤에서 자연스럽게 드러날 것이다. 그렇지만 이러한 구분이 옳고 그름의 개념 밑바닥에 있다고 나는 생각한다. 그리하여 우리는 어떤 행위가 잘못되었다고 비난하거나, 아니면 반감이나 혐오감을 나타내는 다른 용어를 사용하여 그 사람이 처벌받아야 한다는 우리의 생각을 드러낸다. 그래서 그 사람을 가리켜, 이렇게 혹은 저렇게 행동하는 것이 옳다, 혹은 바람직하다, 혹은 기특하다고 말한다. 왜 이렇게 하는 것일까? 그 사람이 그렇게 행동하도록 강제하고 싶거나, 아니면 설득되고 훈계되어 결국 그 행동을 하기를 바라기 때문이다.[55]

강제적 의무와 선택적 의무

이것은 (정의가 아니라) 일반 도덕을 편의와 가치의 나머지 영역들로부터 구분시켜주는 특징이므로, 정의를 도덕의 다른 분야들로부터 구분시켜주는 특징은 아직 더 찾아보아야 한다. 그런데 잘 알려져 있다시피, 윤리 저술가들은 좀 부적절한 용어를 가지고 도덕적 의무를 두 개의 부류로 나누고 있다. 완전한 의무와 불완전한 의무가 그것이다. 불완전한 의무라 함은 어떤 행동이 의무적이기는 하지만 그것을 수행하는 특정한 상황은 우리의 선택에 맡겨져 있는 경우를 말한다. 가령 자선이나 자비의 경우, 우리는 그것을 실천할 의무가 있지만 특정한 사람에게 혹은 특정한 시간대에 수행할 의무는 없다. 반면에 철학적 법률가들의 정확한

---

55 이 점은 베인 교수에 의하여 구체적으로 예증되었다. 인간의 마음을 다룬 그의 통찰력 깊은 두 논문 중 두 번째 것에서 "윤리적 정서와 도덕감"이라는 소제목이 붙은 멋진 장(章)을 참조하라─원주.
　　[옮긴이] 알렉산더 베인 교수(1818-1903)는 밀의 친구, 제자, 전기 작가였다. 밀이 말한 두 논문은 『감각과 지성』(런던, 1855)과 『정서와 의지』(런던, 1859)인데 밀은 이 책의 제15장을 가리킨 것이다.

언어를 빌려 말해보자면, 완전한 의무는 어떤 특정한 사람(들)에게 그와 관련된 권리가 부여되는 의무를 가리킨다. 이렇게 볼 때 불완전한 의무는 아무런 권리도 발생시키지 않는 의무이다. 나는 이런 구분이 정의와 도덕의 다른 의무들 사이의 구분과 정확하게 일치한다고 생각한다.

정의에 대한 일반 대중의 생각을 살펴본 결과, 정의라는 용어는 개인적 권리, 그러니까 법률이 재산권이나 기타 법적 권리를 부여할 때와 같은 특정한 개인(들)의 권리의 개념을 포함하고 있는 듯하다. 어떤 개인에게서 재산을 박탈하거나, 어떤 개인을 상대로 신의를 지키지 않거나, 어떤 개인을 그가 마땅히 누려야 할 것보다 못하게 대우하거나, 또 더 나은 것도 없는 다른 사람보다 푸대접하는 등의 불의가 저질러질 때, 각 경우는 다음 두 가지 사항을 전제하고 있다. 하나는 잘못이 저질러졌다는 것이고, 다른 하나는 그런 잘못으로 피해를 본 사람이 있다는 것이다.

불의는 어떤 사람을 남들보다 우대하는 행위로도 발생할 수 있다. 그러나 이 경우 그 사람의 경쟁자들이 피해(잘못)를 입고 그들이 피해자가 된다. 이러한 특징, 즉 어떤 개인의 권리는 도덕적 의무와 상관관계에 있다는 특징은, 내가 보기에, 정의와 관대함(혹은 자선) 사이의 구체적 관계를 잘 보여주는 특징이다. 정의는 올바른 행동이고, 만약 하지 않는다면 잘못이 되는 행동이다. 그 정의에 입각하여 어떤 사람은 자신의 도덕적 권리로 우리에게 어떤 행위를 요구할 수 있다. 그렇지만 그 누구도 우리의 관대함이나 자선을 요구할 도덕적 권리를 가지고 있지 않다. 왜냐하면 우리는 어떤 특정 개인을 상대로 그런 미덕을 실천해야 하는 도덕적 의무가 없기 때문이다.

이러한 정의의 뜻풀이는 다른 모든 정확한 뜻풀이가 그러하듯이, 그것과 갈등을 일으키는 사례가 실은 그 정의를 가장 잘 확인해주는 사례라는 점을 보여준다. 가령 어떤 도덕주의자가 이렇게 주장한다고 해보자(실제로 그렇게 한 사람이 있다). '어떤 개인이 아니라 인류 전체는, 우리가 인류에게 해줄 수 있는 모든 선을 요구할 권리가 있다.' 그러면 그 도덕주의자는 그 즉시 그런 주장에 의해 관대함과 자선을 정의의 범주 안에 포함시키는 것이 된다. 그는 우리의 이웃들은 우리에게 최대한의 노력을 요구할 권리가 있고, 우리의 노력은 일종의 빚 갚기 같은 것이 된다고 말할 것이다. 혹은 사회가 우리에게 해준 것에 대하여 그 빚을 갚지 못하는 경우에는 그 은덕에 감사해야 한다고 말할 것이다. 두 경우 모두 정의의 사례로 인정될 수 있다. 권리가 문제되는 경우라면, 그것은 정의의 사례가 되고 자선이라는 미덕의 사례는 되지 않는다. 만약 정의와 일반 도덕 사이에 이런 구분을 하지 않는다면, 그것은 그 둘을 전혀 구분하지 않고 모든 도덕을 정의에 통합시키는 것이 되어버린다.

정의감의 두 요소: 처벌과 피해자

정의의 개념과 관련하여 이런 뚜렷한 요소들을 살펴보았으므로, 이제 다음과 같은 질문에 대하여 알아볼 때가 되었다.

- 정의라는 관념에 따르는 느낌(정의감)은 자연의 조치에 의해 선천적으로 정의에 결부되어 있는 것인가?

- 정의감은 기존의 알려진 법률에 의해 정의라는 관념에서 생겨난 것인가?

- 특히 정의감은 일반 편의의 고려사항들로부터 생겨난 것인가?

나는 정의감이 일반적으로 편의라고 알려진 개념으로부터 생겨났다고 보지 않는다. 그렇지만 정의감 속의 도덕적인 것은 편의의 개념에서 생겨난다.

우리는 이미 정의감의 두 가지 핵심 구성 요소를 살펴보았다. 하나는 가해자를 처벌하고 싶은 욕망이고, 다른 하나는 그런 피해를 당한 개인(들)이 있다는 생각이다.

그런데 처벌 의사는 자기방어의 충동과 공감의 두 가지 감정으로부터 자연적으로 생겨난 것이다. 그래서 두 감정은 아주 자연스럽고 거의 본능과 비슷하다는 생각이 든다.

우리 자신이나 우리가 공감하는 사람들에게 가해진 피해에 대해서는 분개하고, 저항하고, 보복하고 싶은 것이 인지상정이다. 여기서 이러한 감정의 근원을 살펴보는 것은 불필요하다고 생각한다. 그 감정이 본능인지 혹은 지성의 소산인지는 차치하도록 하자. 아무튼 그 감정은 모든 동물에게 공통적으로 나타난다. 동물은 자기 자신이나 자기 새끼에게 피해를 주는 자에게 똑같은 피해를 안겨주고 싶어 한다. 인간은 이와 관련하여 다음 두 가지 점에서 동물과 다르다.

첫째, 인간은 동물과는 다르게 더 폭넓은 공감의 범위를 가지고 있다. 인간은 자식에게 공감할 뿐만 아니라, 자신에게 잘해주는 고등한 존재에 공감하고(일부 고등 동물들도 이렇게 한다), 모든 인간 심지어 모든 지각 있는 존재들에게까지 공감한다.

둘째, 인간은 동물보다 훨씬 더 발달된 지능을 갖고 있다. 그래서 이기심이든 공감 능력이든 감정의 범위를 폭넓게 살펴볼 수 있다.

인간은 이런 뛰어난 지능 덕분에 공감의 범위가 넓은 것은 물론이고 자기 자신과 소속 사회 사이의 연계성을 이해할 수 있다. 그리하여 사회의 안전을 위협하는 행위는 그 자신의 안전을 위협한다고 생각하며, 이런 행위를 접하면 자기 방어의 본능(이것을 본능이라고 할 수 있다면)이 즉각 발동된다. 이런 지능에다 다른 사람들과 공감하는 능력이 더해져서 인간은 자기 자신을 부족, 국가, 인류 등 집단에 결부시킬 수 있다. 그리하여 그런 단체에 대한 위해(危害)는 곧바로 자기 자신에 대한 위해로 인식해 반격의 충동을 느끼게 된다.

처벌하고자 하는 욕망이 중요한 구성 요소인 정의감은 보복이나 복수를 원하는 자연스러운 감정이다. 단 이런 욕망은 외부의 위협에 대하여 인간의 지능과 공감 능력이 만들어낸 반응이다. 이 정의감이 개인뿐만 아니라 사회 전반에 스며들어 있다. 이런 감정은 그 자체로는 도덕적인 것을 포함하지 않는다. 하지만 그런 보복의 감정을 사회적 감정에 종속시키고, 그래서 그런 사회적 감정이 형성되기를 기다렸다가 거기에 복종하는 것은 도덕적인 행위이다. 어떤 사람이 우리에게 불쾌한 행동을 해서 우리가 무차별적으로 그 행동에 분노한다면 그것은 자연적인 감정을 따르는 것이다. 그러나 우리의 반응이 사회적 감정에 의하여 순화된다면 우리는 공동선에 기여하는 방향으로 행동에 나서게 된다. 정의로운 사람은 자신에게 피해가 없더라도 사회 전반에 피해를 주는 행위에 분개한다. 그렇지만 어떤 행위가 아무리 자신에게 고통을 주는 것일지라도, 그런 행위가 사회 전반에 고통을 안겨주는 것이 아니라면 분노하지 않는다.

혹자는 이렇게 반박할 수도 있다: "우리의 정의감이 모욕을 당했다고 느낄 때 우리는 사회 전반이나 집단 이익을 생각하는 것이 아니라 우리 자신의 개별적 경우만 생각한다." 하지만 이것은 내가 위에서 말한 것의 반박이 되지 못한다. 개인 자신이 고통을 받았기 때문에 분노를 느끼는 것은 칭찬할 만한 일은 아니지만 흔한 일이기는 하다. 그러나 도덕적 감정에서 분노를 느끼는 사람은 어떤 행위에 대해서 화를 내기 전에 그 행동이 과연 비난받을 만한 것인가를 먼저 생각한다. 이런 사람은 자신이 사회 전반의 이익을 먼저 생각한다고 노골적으로 말하지는 않지만, 자신이 자기 자신뿐만 아니라 남들에게도 혜택이 돌아가는 어떤 규칙을 주장하고 있다고 분명하게 느낀다.

만약 그가 이런 감정을 느끼지 못한다면, 어떤 행위를 순전히 자기 자신과 관련이 있다고 보아서 그런 반응을 보인다면, 그는 의식적으로 정의에 입각하여 행동하는 사람이 아니다. 그는 자신의 행위가 정의로운 것인지 깊이 생각하는 사람이 아니다. 이것은 비(非)공리주의적 도덕가들도 인정한다.

(앞에서 이미 언급했지만) 칸트는 도덕의 근본 법칙을 이렇게 주장했다. "그대의 행동의 바탕이 되는 법칙이 모든 합리적 존재들이 받아들일 수 있는 보편 법칙이 되도록 하고, 그 법칙에 따라 행동하라." 그는 사실상 어떤 개인이 자신의 행동의 도덕성을 결정할 때 인류 전체의 이익을 생각해야 한다고 말한 것이다. 만약 그렇지 않다면 그는 아무런 의미도 없는 단어들을 나열한 셈이다. 모든 합리적인 사람들이 철저히 이기적인 행동 규칙을 채택할 수 있다는 주장, 사물의 구도상 그런 채택에 따른 장애물 중 극복 불가능한 것은 없다는 주장은 이론상으로도 유지될 수가 없다. 칸트의 정언명령이 의미를 획득하려면, 모든 합리적 인간들이 그들의 집단 이익에 혜택을 주는 규칙 아래에서만 그들의 행동을 그 원칙에 맞추어 수행한다는 제한을 두어야 마땅하다. 이렇지 않으면 그 원칙은 무의미한 것이 되어버린다.[56]

---

56 칸트의 정언명령에 대하여 밀이 이의를 제기한 것이다. 칸트는 각 개인의 행동이 보편 법칙이 될 수 있도록 행동하라고 말했을 뿐, 그 행동이 이기적인가 이타적인가 라는 것은 말하지 않았다. 그래서 밀은 모든 합리적 인간들이 백 퍼센트 이기적으로 행동하는 것을 보편 법칙처럼 여기는 것이 가능하겠는가 하고 의문을 제기한다. 그러면서 보편

정의의 두 전제: 행동 규칙과 응징심리

이상에서 말해온 것을 요약하면, 정의라는 개념은 두 가지 사항, 즉 행동 규칙과 그 규칙을 승인하는 감정을 필요로 한다. 첫 번째 것은 모든 인류에게 공통되며, 인류의 공동선을 위한 것이어야 한다. 두 번째 것은 그 규칙을 위반한 자에게 처벌을 바라는 심리이다. 이 두 가지 외에 규칙 위반자 때문에 피해를 본 사람이 있고, 또 그 가해자의 행동으로 인해 피해자의 권리(이 사례에 적합한 표현을 해보자면)가 침해되었다는 전제가 있다. 정의감은 일차적으로 자기 자신과 자기에게 공감을 일으키는 사람들에게 가해지는 위해에 저항하거나 보복하려는 동물적 욕망에서 나온다. 그 다음으로 정의감은 인간의 공감 능력과 인간의 합리적인 자기 이익의 개념에 의하여 모든 인류를 포함하는 감정이 되었다. 전자(공감 능력)로부터 정의감은 강력한 인상과 강력한 자기주장의 힘을 얻는다. 그리고 후자(합리적인 자기 이익의 개념)로부터 정의감은 그 도덕성을 획득한다.

나는 지금까지 피해자의 내면에 깃들어 있는 권리의 개념을 다루어왔다. 그러니까 권리 개념을 정의와 정의감을 구성하는 별도의 요소로 본 것이 아니라, 서로 다른 두 요소들이 구체적으로 발현되는 형태의 하나로만 보아왔다. 그 두 요소라 함은 피해를 당한 피해자와 처벌의 요구(응징심리)이다. 우리의 마음을 잘 살펴보면, 우리가 권리 침해라 할 때 떠오르는 모든 것이 이 두 요소에 포함된다. 우리가 어떤 사물을 어떤 사람의 권리라고 말할 때는, 그 사람이 그 사물을 소유할 수 있도록 사회가

적인 것이 될 수 있는 행동은 결국 도덕적인 것으로 제한되어야 한다고 말하고 있다. 밀은 제1장 총론에서도 칸트의 정언명령에 대하여 의문을 제기한 바 있다.

보호해줄 것을 정당하게 요구할 수 있다는 뜻이다. 즉 법률의 힘으로나 교육과 여론의 힘으로 그 소유권을 보호하는 것이다.

만약 그가 어떤 이유가 되었든 어떤 사물에 대하여 사회의 충분한 보장을 요구할 수 있다면, 우리는 그가 그 사물에 대하여 권리가 있다고 말한다. 만약 우리가 어떤 사물이 법적 권리상 어떤 사람에게 속한 것이 아님을 증명하고 싶으면 어떻게 하면 될까? 그때는 이렇게 하면 된다. 사회가 그 권리를 보장하는 조치를 취하지 않고, 그 물건을 운명의 처분에 맡기거나 그 사람의 노력에 맡기도록 하면, 그것으로 그 사물이 그 사람의 것이 아님이 증명된 것이다.

이렇게 하여 어떤 사람이 공정한 직업적 경쟁에 의하여 어떤 것을 얻었다면, 그 사람은 그 사물에 대하여 권리를 주장할 수 있다. 사회가 그런 공정한 경쟁이 이루어지도록 환경을 조성했기 때문이다. 반면에 그는 1년에 3백 파운드를 반드시 벌어야 할 권리는 없다. 사회는 그가 그 정도의 수입을 올릴 수 있도록 환경을 제공할 의무가 없기 때문이다. 반면에 그가 연리 3퍼센트의 국채를 1만 파운드 소유하고 있다면 그는 연간 3백 파운드에 해당하는 권리가 있다. 사회(국가)는 그 정도 금액의 국채를 사면 연간 3백 파운드의 이자 소득을 주겠다고 보장했으므로 그 돈을 제공해야 할 의무가 있다.

안전의 공리

따라서 권리를 가지고 있다는 것은 사회가 그런 권리의 소유를 보장한다는 뜻이다. 이 주장에 대하여 이렇게 반론을 제기하는 사람도 있을 것이다: "사회가 왜 그것을 보장해야 하는가?" 나는 이 질문에 대하여 그 이유는 일반 공리(효용) 때문이라고 대답할 수밖에 없다. 만약 이 대답이 강력한 의무감을 전달하지 못하고 그 의무감의 특별한 느낌도 잘 설명해주지 못한다면, 그런 의무감에는 합리적인 요소뿐만 아니라 보복에 대한 갈증이라는 동물적 요소도 함께 가미되어 있기 때문이다. 이런 갈증이 그 강도(強度)와 도덕적 정당성을 얻게 되는 것은, 여기에 비상할 정도로 중요하고 인상적인 종류의 공리가 개재되어 있기 때문이다.

그것은 안전(security)의 공리로, 모든 사람들이 가장 중요하게 여기는 이해관계이다. 그에 비하면 다른 모든 지상의 혜택들은 누군가에게는 필요하지만 또 다른 누군가에게는 불필요한 것이다. 사람들은 그런 혜택들 중 많은 것을 기꺼이 단념하거나 다른 것으로 대체할 수 있다. 그러나 안전은 이야기가 다르다. 인간은 안전 없이는 살아갈 수가 없다. 우리는 매 순간 안전 덕분에 악으로부터 면제되어 있고, 모든 선의 가치를 누릴 수가 있다. 왜냐하면 한 순간에는 만족을 느끼다가 다음 순간에 우리보다 더 강한 자에게 모든 것을 빼앗긴다면 그 순간의 만족이라는 건 아무 의미도 없기 때문이다. 음식 다음으로 가장 필요한 안전은 그것을 제공해주는 제도가 상시적으로 작동하지 않으면 결코 확보할 수 없는 것이다.

그러므로 동료 이웃들에게 우리의 존재 기반을 안전하게 만드는 노력에 동참하라고 요구하는 개념(공리의 주장)은, 다른 평범한 공리보다 더욱 강력한 힘을 미치게 되었다. 그리하여 (심리학에서 종종 그런 일이 벌어지듯이) 정도의 차이가 아예 종류의 차이로 인식되기에 이르렀다. 안전의 요구는 절대적 요구의 특징을 갖추고, 하루 24시간씩 무한정 유지되어야 하고, 다른 모든 고려사항들보다 우선시되어야 하는 요구가 되었다. 그리하여 안전의 공리와 여타 공리의 차이는 옳음과 그름의 차이, 통상 편의와 불편 사이의 차이처럼 아예 종류의 차이로 구분되기에 이르렀다.

이 안전에 대한 느낌은 너무나 강력하여 우리는 다른 사람들에게서도 동일한 반응을 발견한다. 그들 역시 안전이 최고의 이해관계이기 때문이다. 그리하여 안전의 공리는 오트(ought)와 슈드(should)의 단계를 지나서 머스트(must)가 되었다.[57] 이렇게 공인된 필수불가결성은 하나의 도덕적 필연이 되어 신체적 필연과 비슷한 것이 되었으며, 그 구속력에 있어서도 종종 육체적 요구의 강도에 필적한다.

정의와 공리는 밀접한 관계

만약 이상과 같은 분석이 정의라는 개념에 대한 정확한 설명이 되지 못한다고 해보자. 정의는 공리와는 무관하고 그 자체로 독립된 기준이어서, 인간의 마음이 성찰을 통해서 알 수 있는 것이라고 해보자. 그렇다면 그런 정의의 내적 제재가 왜 그토록 애매모호한지, 왜 많은 사물들이 그것을 바라보는 시각에 따라 정의로 판정되기도 하고 불의로 판정되기도 하는지 설명하기가 어려워진다.

우리는 이런 이야기들을 많이 듣는다.

- 공리는 불확실한 기준이고, 사람마다 다르게 해석한다.

- 불변하고 지워버릴 수 없고 착각할 수 없는 정의의 명령들을 제외하고는 안전이란 있을 수 없다.

- 정의의 명령들은 여론의 추이와는 무관하게 그 자체로 증거를 가지고 있다.

---

57 넥서스 영한사전(2008년)에 의하면 조동사 should는 의무, 책임, 조언, 지시를 나타내며 ought와 거의 같은 뜻이라고 풀이되어 있다. 이 두 조동사는 must 보다 약한 뜻인데 must는 필연이라고 풀이되며 All humans must die(모든 인간은 반드시 죽는다)라는 예문이 제시되어 있다.

이런 이야기들을 들으면 우리는 정의의 문제에 대해서는 논란의 여지가 없다는 생각을 갖게 된다. 우리가 이것을 하나의 규칙으로 삼는다면, 그 규칙을 어떤 특정한 사례에 적용했을 때, 우리는 그 수학적 논증에 대하여 아무런 의문도 없어야 한다.

그러나 현실은 이와 많이 다르다. 어떤 것이 정의인가 하는 문제에 대해서는, 어떤 것이 사회에 유익한 것인가 하는 문제만큼이나 의견이 분분하며 또 치열한 논쟁도 벌어진다. 국가들과 개인들은 서로 다른 정의의 개념을 갖고 있고, 그리하여 정의는 한 가지 규칙, 원리, 격언으로 존재하는 것이 아니라 여러 가지 규칙, 원리, 격언으로 존재한다. 심지어 동일 인물의 경우에도 정의의 명령들이 일관되게 유지되지 않는다. 그런 명령들 중 어떤 하나를 선택할 때 그는 어떤 외부적 기준을 따르거나 아니면 그 자신의 개인적 선호사항들을 따라서 결정한다.

처벌에 대한 세 가지 견해

처벌에 대해서는 다음 세 가지 견해가 있다.

첫째, 다른 사람들에게 시범을 보이기 위해서 어떤 사람을 처벌하는 것은 불의라는 견해이다. 처벌은 그 당사자의 선을 위해서 의도된 것이어야 비로소 정의롭다는 것이다.

둘째, 그 정반대를 지향하는 견해이다. 이 견해는 분별력이 있는 성년의 나이에 도달한 사람들을 그들의 혜택을 위해 처벌하는 것은 독재요 불의라고 본다. 만약 문제되는 사안이 오로지 그 사람들의 선이라면, 아무도 그 문제에 대한 그들의 판단을 통제할 권리가 없다. 그러나 다른 사람들에게 돌아갈 피해를 미리 예방하기 위해 그들을 처벌하는 것은 정의롭다. 이것은 합법적인 자기방어권의 행사이기도 하다.

셋째, 오언 씨[58]는 처벌 자체가 불의한 일이라고 주장한다. 범죄자 자신이 그런 성격을 형성한 게 아니라는 이야기이다. 그의 교육과 그의 환경이 그를 범죄자로 만든 것이니 그는 아무 책임이 없다는 것이다.

이 세 가지 견해는 아주 그럴듯하다. 이런 견해들이 그저 정의의 문제로 논증되기만 하고, 정의에 내재한 원칙 혹은 권위의 원천이라는 문제까지 파고들지 않는다면 이런 견해를 펴는 사람들의 주장을 논박하기는 어렵다고 본다. 이러한 세 가지 견해는 모두 참이라고 인정되는 정의 규칙을 밑바탕으로 삼는 까닭이다.

첫 번째 견해는 다른 사람들의 혜택을 위하여 당사자의 동의도 없이 어떤 개인을 선택하여 희생양으로 삼는 것이 불의하다고 지적한다.

두 번째 견해는 자기방어권에 의존하면서 어떤 사람에게 다른 사람의 선(善) 개념에 순응하도록 요구하는 것이 불의한 일이라고 주장한다.

세 번째 오언 씨의 견해는 개인이 어쩔 수 없이 저지른 행위에 대하여 처벌하는 것은 불의하다고 주장한다.

이러한 세 가지 견해를 펴고 있는 사람들은 자신이 선택한 정의의 원칙 이외에 다른 원칙을 고려해볼 것을 강요당하지 않는다면 각자 훌륭한 주장을 폈다고 할 수 있다. 그러나 이런 세 가지 원칙들을 일대일로 대면시켜 놓으면 각 주창자는 남들뿐만 아니라 자기 자신을 위해서 할 말이 많아진다. 세 사람은 상대방을 구속하는 다른 원칙을 짓밟지 않고서는 그 자신의 정의 개념을 관철시킬 수가 없다.

---

58 로버트 오언(Robert Owen, 1771-1858). 유토피아적 사회 개혁가이면서 협동 운동의 창시자. 윌리엄 고드윈(1756-1836)과 뜻을 같이하면서, 성장 환경과 사회화의 결과인 행위에 대해서 사람들의 죄를 물어 치죄하는 것은 부당하다고 주장했다. 밀은 『논리학의 체계』 제4권 2장과 3장에서 오언의 결정론을 자세히 논평했다.

바로 이것이 세 주장의 문제점이다. 그들도 이런 어려운 점을 깨달았지만 그 문제를 극복하려고 하기보다는 그것을 회피하는 여러 가지 장치들을 고안해냈다. 세 번째 주장(결정론)으로부터 도피하기 위하여 그들은 인간이 소위 자유 의지를 갖고 있다고 상상했다. 그들은 완전히 증오의 상태에 빠진 사람을 처벌하는 것은 정의로운 일이 아니라고 보았다. 단 그런 증오의 상태가 기존 환경의 영향에서 나온 것이 아니라면 그제서야 비로소 처벌이 가능하다고 생각했다.

다른 두 주장은 계약이라는 허구를 도입함으로써 그 어려움을 돌파하려 했다. 과거의 어떤 불특정한 시기에 사회의 모든 구성원들이 법률에 복종하기로 약속하고, 불복종은 처벌하기로 동의했다는 것이다.[59] 그렇게 하여 입법가들에게 개인의 선이나 사회의 선을 위해 개인을 처벌할 수 있는 권리를 부여했다고 한다(반면에 이런 일반 동의가 없었더라면 이런 처벌의 권리는 성립되지 않았을 것이다). 이런 맹랑한 생각은 처벌의 논리적 근거에 따르는 어려움을 제거하는 데 적절하다고 여겨졌다. 그리하여 "피해자의 동의 아래 이루어진 행위는 불법이 아니다"(volenti non fit injuria)라는 정의의 기존 원칙에 입각하여 처벌을 합법화했다.

설사 피해 당사자의 동의가 순전한 허구가 아니라 할지라도, 이 원리는 그 권위에 있어서 위에서 말한 첫 번째, 두 번째 의견을 대체할 정도로 탁월하지도 못하다. 오히려 첫 번째, 두 번째 정의의 원칙들이 얼마

---

59 루소의 사회계약론을 가리킨다. 『사회계약론』(1762)에서 루소는 사람들이 자신의 의지를 모든 시민의 일반의지 아래 놓기로 한 계약을 맺었는데, 시민들이 모든 법에 따르기로 동의했으므로 법을 위반한 사람은 누구든지 처벌받아 마땅하다고 주장했다. 그러나 밀은 스승 벤담의 주장을 따라서 이런 사회계약론이 허구라고 보았다. 그러면서 사회에 정의를 가져오는 것은 그런 계약이 아니라 공리라고 주장한다.

나 허술하고 불규칙한 방식으로 정립되었는지 보여주는 아주 모범적인 사례이다. 이 '피해자의 동의'라는 원칙은 법원의 조잡한 긴급 상황을 돕기 위해 동원된 것이었다. 법원은 때때로 어떤 소송 건을 좀 더 자세히 들여다보다가 생겨난 여러 가지 부작용 사례들 때문에 아주 불확실한 전제조건들로 만족해야 되었는데, 이때 피해자의 동의가 도움을 주었다. 그러나 법원도 이 원칙을 일관되게 준수할 수가 없었다. 때로는 사기로 인해, 때로는 실수와 착각에서 빚어진 자발적 동의가 있어서 그것을 제쳐놓아야 했기 때문이다.

또 처벌의 합법성이 인정될 때, 그 적절한 형량을 결정하는 데 있어서도 서로 갈등하는 정의의 개념이 많이 등장한다. 이 문제에 관한 한 "눈에는 눈, 이에는 이"라는 보복법(lex talonis, 발톱의 법칙)이 원시적이고 충동적인 정의감에 가장 강력하게 호소한다. 비록 유대인과 이슬람교도들의 법인 이 보복법은 유럽에서는 실용적인 원리로 받아들여지지 않고 있지만, 유럽 사람들도 마음속으로는 은근히 이 법을 동경한다고 나는 생각한다.

범법자에게 그가 저지른 것과 똑같은 처벌이 우연히 내려졌을 때, 사람들이 일반적으로 드러내는 만족감은 이런 보복법에 의한 처벌이 얼마나 사람들의 정의감에 합당한 것인지를 잘 보여준다. 많은 사람들에게 형량에 대한 정의의 기준은 처벌이 범죄에 비례해서 부과되었는가 하는 것이다. 다시 말해, 처벌의 양은 범죄자의 도덕적 죄악(이를 측정하는 기준이 무엇이든 간에)에 의해 정확하게 측정되어야 한다는 것이다. 이 경우 어느 정도의 형량이 범죄의 재발을 막는 데 도움이 될 것인가는 전혀 고려의 대상이 되지 않는다. 그것이 정의와는 아무 상관이 없다고 보기 때문이다.

하지만 어떤 사람들은 범죄의 재발 방지가 가장 중요하다고 생각한다. 이들은, 지은 죄가 무엇이었든 그에 대한 형량은 그 범죄의 재발을 막고, 또 다른 사람들이 그런 범죄를 모방하지 않는 데 필요한 만큼만 부과해야 하고, 그 이상의 형량은 불의하다고 생각한다.

공리: 사회적 갈등의 조정자

이미 언급한 바 있는 주제로부터 또 다른 사례를 가져와보자. 협동조합 형태의 산업체에서, 재능 혹은 기술을 지닌 사람이 더 많은 보수를 받는 것은 정의인가 아니면 불의인가? 보수를 더 받는 것을 나쁘다고 보는 쪽은 이렇게 주장한다: "할 수 있는 한 최선을 다한다면, 동등한 대우를 받을 자격이 있으며, 자기 잘못도 없는데 열등한 지위로 몰린다면 정의의 이름으로 막아야 한다. 그 사람은 우수한 능력 덕분에 이미 충분한 이점을 누렸다. 남들의 존경을 받았고, 개인적 영향력을 행사했고, 그런 대접에 따르는 내적 만족감을 느꼈다. 이 세상의 재물을 남보다 더 많이 누리지 않는다 해도 이미 이런 보상을 누리는 것이다. 그러므로 사회는 타고난 재능이 부족한 사람들에게 이러한 혜택의 불평등을 보상해주어야 하며, 그런 불평등이 더욱 심화되도록 내버려두어서는 안 된다."

반대 의견을 가진 사람은 이렇게 주장한다: "사회는 남들보다 유능한 노동자에게 빚을 지고 있다. 그의 서비스는 남들보다 더 유익하므로 사회는 그런 서비스에 대하여 더 큰 보답을 해주어야 한다. 그의 업무 기여도가 결과물에서 큰 몫을 차지하므로 그에게 더 큰 보답을 허용하지 않는다면 그의 노동을 강탈하는 셈이다. 만약 그가 남들과 똑같은 보수를 받는다면 그는 장차 보상받는 만큼만 슬슬 일을 할 것이고, 탁월한 능력의 소유자인 만큼 남들보다 적은 시간, 적은 노력만을 들여서 정해진 양만큼만 일을 하고 그 이상은 하지 않게 될 것이다."

그런데 누가 이런 갈등하는 정의의 원칙들을 조정할 것인가? 이 경우 정의는 두 가지 측면을 갖고 있는데 그 둘을 조정하기는 불가능하다. 논쟁하는 사람들은 서로 반대 입장을 선택했다. 한쪽은 노동자가 더 많이 가져가는 것이 정의라고 보고, 다른 한쪽은 사회가 결정하는 것이 정의라고 본다. 각자의 관점에서 보면 상대방의 관점은 말이 되지 않는다. 따라서 정의의 관점에서 둘 중 어느 하나를 선택하는 것은 임의적인 선택이 될 뿐이다. 이때 사회적 공리(효용)만이 그런 결정을 뒷받침해줄 수 있다.

세금 부과의 문제도 이와 마찬가지로 정의의 기준이 여럿이어서 서로 일치하지 않는다. 세금에 관하여 한 의견은 이렇게 주장한다: "국가에 내는 세금은 납세자의 개인 소득에 (같은 세율로) 비례하여 납부하는 것이 마땅하다." 또 다른 의견은, "누진세를 실시하는 것이 정의의 명령에 부합한다"고 주장한다. 각종 비용을 공제하고 남는 금액이 많은 사람일수록 높은 세율에 따라 세금을 내야 한다는 것이다.

자연적 정의의 관점에서 보자면, 수입 액수의 고하는 무시해버리고 모든 사람에게 동일한 금액을 세금으로 거두어들이는 것이 (이게 가능하다면) 더 타당하게 느껴진다. 가령 식당이나 클럽에서 이용자들의 소득액이나 그들의 지불 능력과는 상관없이 똑같은 요금을 받는 것처럼 말이다. 법률과 정부가 해주는 보호는 사회 내의 모든 구성원에게 똑같이 돌아가는 것이므로, 모든 구성원이 똑같은 금액으로 그 보호를 사들이는 것이 불의라고 생각되지 않는다. 가게 주인이 고객의 지불 능력은 고려하지 않고, 모든 고객에게 똑같은 물품에 대하여 똑같은 가격을 받는 것은 불의가 아니라 정의로 여겨진다.

그러나 이런 원칙을 과세에 적용한다고 하면 아무도 그것을 지지하지 않는다. 인간적 감정의 측면이나 사회적 편의의 관점에 너무나 거슬리기 때문이다. 그러나 과세와 관련된 이러한 정의의 원리는 그 반대편 원리와 마찬가지로 참되고 또 구속력이 있다. 따라서 그것은 다른 과세 방식을 방어하는 논리에도 은근히 영향을 미친다.

사람들은 이런 주장을 펴고 싶어진다: "국가는 부자들로부터 더 많은 세금을 거두어들이기 때문에 가난한 사람들보다는 부자들을 더 잘 보호한다." 하지만 이것은 사실이 아니다. 부자들은 돈이 많기 때문에 법률이나 정부가 없다고 하더라도 가난한 자들보다 그들 자신을 더 잘 보호할 수 있다. 그리고 그들을 가만히 내버려둔다면 그 가진 돈의 힘으로 가난한 자들을 노예로 만드는 데 성공할지도 모른다.

다른 사람들은 똑같은 정의의 원리에 입각하여, 모든 사회의 구성원이 그들의 신체를 보호해주는 데 대하여 똑같은 액수의 주민세를 내야 한다고 주장한다. 사람의 몸이란 결국 그 당사자에게는 똑같이 소중한 것이니까 말이다. 하지만 재산의 규모는 사람마다 다르므로 재산세는 다르게 부과해야 한다고 주장한다. 이에 대하여 또 다른 사람들은, 어떤 사람의 소규모 재산은 다른 사람의 대규모 재산과 마찬가지로 소중한 것이라고 반론을 편다.

이런 논리의 혼란으로부터 벗어나는 방법도 역시 공리주의뿐이다.

정의, 공리, 자유

그렇다면 정의와 편의 사이의 차이라는 것은 허구적인 구분에 불과하다는 말인가? 인류가 지금껏 정의가 정책(policy)보다 신성하고, 정의가 충족된 이후에나 비로소 정책을 거론할 수 있다는 망상에 빠져 있었단 말인가?

결코 그렇지 않다.

정의감의 본질과 근원에 대하여 우리가 설명해온 바는 정의와 편의를 뚜렷하게 구분한다. 나는 행위의 결과로 도덕성을 판단하는 것을 경멸하는 그 어떤 사람들보다 더 명확하게 그 둘을 구분한다. 또 나는 공리에 바탕을 두지 않은 정의의 허구적 기준을 거부하지만, 공리에 바탕을 둔 정의는 모든 도덕의 가장 중요한 부분이고 또 가장 신성하고 구속력 있는 부분이라고 생각한다.

정의는 어떤 도덕적 규칙들에 붙이는 이름이다. 그 규칙들은 인간의 복지에서 핵심적인 요소들이고, 그래서 그 어떤 생활 지침보다도 절대적인 의무가 된다. 정의의 핵심을 구성하고, 각 개인 내부에 깃들어 있다고 생각되는 권리의 개념은 이런 강한 구속력을 지닌 의무를 가리키며 그 의무의 실천을 의미한다.[60]

인류가 서로에게 피해를 입히는 행위를 금지하는 도덕 규칙(이 규칙에는 남의 자유를 그릇되이 침해하는 행위를 금지하는 규칙도 반드시 포함시켜야 한다)은 인간사의 특정 분야를 관리하는 방식을 규정한 그 어떤 중요한 원리보다 인간의 복지에 소중한 것이다. 도덕 규칙은 나름 특성을 갖고 있는데 인류의 사회적 감정 전반을 결정하는 주된 요소라는 것이다.

인간들 사이에서 평화가 유지되는 이유는 사람들이 그 도덕 규칙을 준수하기 때문이다. 만약 도덕 규칙의 준수가 예외이고 불복종이 원칙이라고 한다면 만인이 만인을 상대로 가상의 적이라고 생각할 것이고,

---

60 밀이 여기서 말하는 "정의의 핵심을 구성하고 각 개인의 내부에 깃들어 있는 권리"는 "자유"를 가리킨다. 자유의 권리 없이는 정의의 실천도 없다는 것이다.

늘 경계를 게을리하지 말아야 한다고 여길 것이다. 그리고 이에 못지않게 중요한 사실은, 이 도덕 규칙이 인류가 서로에게 적극적으로 또 강력하게 권유해야 할 원칙이라는 것이다. 그러나 신중하게 조언하고 권유하는 것만으로는 아무것도 얻지 못할 수도 있다. 서로에게 자선의 의무를 적극적으로 주입하는 것은 인류에게 틀림없이 이익이 되지만 그 이익은 강도가 훨씬 떨어진다. 개인에 따라서는 다른 사람들의 혜택을 필요로 하지 않을 수도 있기 때문이다. 그렇지만 그 또한 남들이 자신을 해치지 말아야 한다는 필요는 언제나 느끼고 있다.

따라서 모든 개인이 남들로부터 직접적으로 피해를 보거나 간접적으로 자신의 이득을 추구하는 자유가 침해당하지 않게 보호해주는 도덕은, 각 개인이 마음속에 깊이 명심하고 또 말과 행동으로 확립하고 단속하는 데 강한 이해관계로 얽혀 있는 그런 도덕이다. 각 개인이 이런 도덕을 준수할 때 비로소 그 개인은 인류의 이웃으로 적절히 존재하는 능력을 검증받고 또 인정받는다. 그러니까 그가 접촉하는 사람들에게 이 도덕에 의하여 그가 방해가 되는 인물인지 아닌지를 검증받는 것이다. 그리고 정의의 의무사항을 일차적으로 구성하는 것은 바로 이런 도덕들이다.

현저한 불의의 두 사례

혐오감을 안겨주는 불의가 가장 현저히 드러나는 두 사례가 있다.

첫째, 누군가를 부당하게 공격하거나 불법적으로 누군가에게 권력을 행사하는 것.

둘째, 어떤 사람이 마땅히 받아야 하는 것을 부당하게 주지 않는 것.

이 두 가지 사례는 그 당사자에게 중대한 피해를 입힌다. 그것은 직접적인 고통의 형태로 나타날 수도 있고, 신체적인 것이든 인간관계에 관한 것이든 그가 합당하게 기대할 수 있는 이익을 박탈하는 형태로 나타날 수도 있다.

일차적 도덕을 준수하게 명령하는 강력한 동기는, 그 도덕을 위반한 자에게 징벌을 가하도록 강력한 압력을 넣는다. 도덕 규칙을 위반한 자에 대해서는 자기방어의 충동, 남들을 보호하려는 충동, 보복의 충동이 터져 나오기 때문에, 보복 즉 악에는 악이라는 대응이 정의감과 밀접한 연관을 맺게 되고, 그리하여 보복 심리가 보편적으로 정의 속에 포함된다. 선에는 선도 정의가 내리는 명령 중 하나이다. 악에는 악, 선에는 선은 사회적 공리에서 나온 것이 분명하고 또 그 안에 자연스러운 인간의 감정을 내포하고 있지만, 언뜻 보기에는 피해 혹은 부상(負傷)과는 분명한 연결 관계가 없는 것처럼 보인다. 하지만 이 연결 관계는 정의와 불의의 가장 기본적인 사례들에 존재하면서, 정의감이 갖고 있는 강렬한 감정적 반응의 원천이 된다.

그 연결 관계가 덜 분명하게 보인다고 해서 덜 실제적인 것은 아니다. 남에게서 혜택을 받고서 그것을 보답하지 않은 사람은 상대방을 정말로 기분 나쁘게 한 것이며, 자연스럽고 합리적인 기대를 저버린 것이다. 상대방은 그처럼 보답이 나오지 않을 것을 확실히 알았다면 혜택을 제공하지 않았을 것이다. 인간의 모든 악행과 잘못 중에서, 상대방의 기대를 저버리는 것은 중요한 악행이요 잘못이다. 그것은 우정의 배신과 약속의 위반 같은, 아주 부도덕한 행위와 맞먹는 중요한 잘못이다.

인간이 습관적으로 자신 있게 기대했던 것을 아주 어려운 때 받지 못한다면, 그런 행위처럼 상대방을 아프게 하고 상처를 주는 것도 없다. 상대방이 마땅히 누려야 할 이익을 주지 않는 것도 아주 커다란 잘못이다. 그런 피해들은 피해자 본인은 물론이고 그를 동정적으로 바라보는 구경꾼들에게도 엄청난 적개심을 불러일으킨다. 각 개인에게 그가 받아 마땅한 것을 주는 것, 가령 선에는 선, 악에는 악은 우리가 지금껏 뜻풀이를 해온 정의의 관념 속에도 포함되어 있을 뿐만 아니라, 정의감이 발휘되는 중요한 이유이기도 하다. 그래서 정의감은 인간을 평가할 때 단순한 편의보다 정의를 더 높게 친다.

공리는 정의의 기준

현재 세상에서 통용되고 또 정의의 집행과 관련하여 자주 참조되는 정의의 격언들은, 우리가 지금껏 말해온 정의의 원리들을 실현하기 위한 도구에 불과하다.

– 자발적으로 행한 일이나 자발적으로 피할 수 있었던 행위에 대해서만 책임을 물어야 한다.

– 사람을 법정에서 심리하지 아니하고 유죄 판결을 내리는 것은 불의하다.

– 징벌은 범죄의 정도에 비례해야 한다.

이러한 격언들은 '악에는 악'이라는 정의의 원리가 정당한 사유 없이 악(처벌)을 가하는 원리로 변질되는 것을 막기 위한 것이다. 이런 일반적 격언들은 상당 부분 법정 절차의 관행 덕분에 도입되었다. 그런 만큼 그 관행을 남들에게 알려주어야 하는 필요 이상으로 더 완벽하고 정교한 규칙을 제정해야 했다. 법정은 그런 규칙을 바탕으로 벌 받을 사람을 처벌하고, 권리를 가진 자를 보상해주었다.

사법적 미덕의 으뜸 가치인 공정함은 정의의 의무이기도 한데, 위에서 마지막으로 언급한 이유(권리를 가진 자를 보상) 때문에라도 그렇게 되어야 한다. 또한 정의의 다른 의무사항들을 수행하기 위해서라도 반드시 필요한 조건이다. 그러나 이것만이 평등함과 공정함이 여러 인간의 의무들 중에서 높은 지위를 누리게 되는 유일한 근거는 아니다. 평등함과 공정함은 일반인이나 지식인을 막론하고 정의의 원칙이라고 하면 반드시 포함하는 사항이다.

어떤 관점에서 보면, 그 둘은 이미 서술한 원리들로부터 추론된 것이다. 각자의 공과에 따라 선은 선으로 보상하고, 악은 악으로 억압하는 것은 의무의 행위이다. 따라서 우리는 모든 사람을 공평하게 대우해야 한다. 우리에게 잘 대해준 사람에게 역시 잘 대해주어야 하며(물론 이보다 더 높은 의무가 공평한 대우를 금지할 때는 예외가 되겠지만), 사회 역시 사회를 위해 잘한 사람들을 잘 대해줌으로써 보답해야 한다. 이것이 최고 수준의 추상적인 사회 정의와 분배 정의이다. 이런 정의를 구현하기 위하여 모든 사회 제도들과 덕성스러운 시민들의 노력이 함께 경주되어야 한다.

그러나 사회 정의와 분배 정의라는 이 위대한 도덕적 의무는 그보다 훨씬 더 심오한 기초에 바탕을 두고 있다. 정의는 도덕의 제1원리에서 직접 흘러나온 것이고, 2차적이거나 파생적인 원리들에서 가져온 논리적 추론이 아니기 때문이다. 정의는 공리 혹은 최대 행복 원리에 포함되어 있는 것이다. 각 개인의 행복(정도에 있어서는 동일하지만, 종류에 있어서는 다소 유연성이 있는 행복[61])과 관련하여, 갑의 행복이 을의 행복과 정확히 똑같은 것이 아니라면, 이 정의의 원리는 공허한 단어들의 배열에 불과

---

61 앞의 제2장에 나오는 각주 11을 참조할 것. 빵을 먹을 때에는 그 행복의 정도가 누구에게나 동일하다고 볼 수 있지만, 셰익스피어를 읽을 때에는 행복의 종류가 다소 다르다고 보는 것이다.

하다. 이러한 전제 조건들을 설정하였으므로, 벤담의 격언 "모든 사람이 하나로 간주되어야 하고, 그 누구도 하나 이상으로 간주되어서는 안 된다"가 공리의 원리를 보충 설명해주는 원리로 인용될 수 있을 것이다.[62]

도덕가와 입법가는 모든 사람이 동등하게 행복을 요구할 권리가 있다고 본다. 그렇다면 그 권리에는 모든 행복의 수단도 함께 요구할 권리가

---

[62] 공리주의 체계의 제1원리는 사람들 사이에 완벽하게 공평한 관계가 성립된다는 것을 전제한다. 그런데 허버트 스펜서 씨는 그의 『사회정학』에서 이 전제가 공리가 옳음(권리)의 충분한 안내자라는 주장을 오히려 반박한다고 말한다. 공리의 원리가 모든 사람이 행복에 대하여 동일한 권리를 가지고 있다는 원리를 전제하기 때문이라는 것이다. 스펜서 씨는, 좀 더 정확하게 말해 보자면, 공리의 원리는 동일한 양의 행복은 동일하게 바람직하다는 것을 전제로 한다고 말한다. 그 행복을 같은 사람이 느끼든 다른 사람이 느끼든 무관하게 말이다. 그러나 이것은 공리의 원리를 뒷받침하는 전제 혹은 사전 조건이 아니다. 오히려 공리의 원리 바로 그 자체다. '행복'과 '욕망'이 동의어(같은 것)가 아니라면 공리의 원리는 도대체 무엇이겠는가? 공리에 전제되는 사전(事前) 원리가 있어야 한다면 이것 이외에 다른 것은 없다. 다른 모든 수량을 계량할 때 그러하듯이, 산수의 진리가 행복의 계량에도 적용되는 것이다.

스펜서 씨는 바로 위의 논평에 대하여 사적인 자리에서 언급하면서 자신이 공리주의 반대자처럼 인식되는 것은 사실이 아니라고 말했다. 그러면서 자신은 행복을 도덕의 궁극적 목적으로 본다고 말했다. 그러나 행동의 결과를 관찰하여 나온 경험적 일반화에 의하면 그런 목적은 부분적으로만 달성된다는 것이다. 그는 어떤 종류의 행동이 '필연적으로' 행복을 촉진하고, 또 반대로 불행을 가져오는지 보여주는 생활의 법률과 존재의 조건을 연역할 때에만, 그런 목적이 달성된다고 생각했다. 나는 '필연적으로'라는 말을 제외하고, 이런 스펜서 씨의 이론에 반박할 생각이 없다. 그 말만 제외한다면, 오늘날의 공리주의 지지자들이 다른 의견을 갖고 있으리라 생각하기 어렵다. 『사회정학』은 벤담을 거론하고 있는데, 나는 벤담이 인간 본성의 법칙과 인간의 삶의 보편적 조건에서 행복을 연역하는 데 결코 반대하지 않으리라고 본다. 오히려 벤담은 일반적으로 벤담이 그런 연역에 너무 의존하고 있다고 비난받는다. 스펜서는 공리주의자들이 특수한 경험을 통해 일반론을 연역한다고 지적하지만, 벤담은 그런 구체적 체험으로부터 일반화하는 작업에 구속되는 것을 철저히 거부했다. 따라서 나의 의견은(그리고 내가 기억하는 한 스펜서 씨의 의견은) 이런 것이다. 다른 모든 과학적 연구와 마찬가지로, 윤리학에서도 어떤 일반 명제가 과학적 증명을 충족시키려면 특수한 경험과 일반론의 두 과정을 통해 충분한 정도와 종류의 증거를 확보해야 한다—원주.

포함된다. 단, 생활의 불가피한 상황이나 모든 개인의 이익이 포함된 일반 이익을 위해 이 원리에 제약을 가해야 할 경우에는 예외가 인정된다. 하지만 그런 제한은 아주 엄격하게 해석해야 한다. 다른 정의의 원리가 그러하듯이, 행복과 행복의 수단을 모든 사람이 동등하게 요구할 수 있다는 원리는 결코 보편적으로 적용되는 것이 아니다. 오히려 내가 이미 앞에서 언급했듯이, 사회적 편의라는 개념에 대하여 모든 사람이 어떤 생각을 갖고 있느냐에 따라 신축성이 있다. 그러나 일단 적용 가능하다고 판단되면 그것은 정의의 명령으로 간주된다. 모든 사람은 평등한 대우를 받을 **권리**가 있는데, 일부 공인된 사회적 편의에 의해 제한이 불가피한 경우는 예외로 한다.

따라서 편의라고, 편리하다고 생각되지 않는 모든 사회적 불평등들은 그저 불편함으로 그치는 것이 아니라 불의의 특성을 갖게 된다. 그리하여 사람들은 그런 독재를 어떻게 지금껏 견디어왔나 하고 의아하게 생각하게 된다. 이런 생각을 하는 사람들은 다음의 사실을 망각하고 있는 것이다. 그들은 편의라는 잘못된 개념 때문에 어쩌면 다른 불평등들도 용인하고 있는지 모른다. 그리하여 그 불평등을 시정하려 들면 그들이 지금껏 용인해온 그것이 아주 흉측한 것으로 보이게 된다. 그들이 마침내 이건 안 되겠다고 비난하고 나섰던 다른 불평등만큼이나 흉측하게 보이는 것이다.

사회 발전의 역사는 일련의 전환들로 이루어져 있다. 그런 전환이 벌어지면 지금껏 사회적 존재의 1차적 필요로 간주되었던 제도나 관습이, 보편적으로 지탄받는 불의와 독재의 사례로 전락한다. 노예와 자유인, 지주와 농노, 귀족과 평민 등의 구분이 그런 전환을 통하여 철폐되어 왔다. 이제 피부 색깔, 인종, 성별(性別)의 귀족 제도도 부분적으로 그런 전환기의 조정을 받고 있고, 장차 철폐될 것이다.

공리 대 허용 가능한 불의

이상에서 살펴본 바와 같이, 정의는 특정한 도덕적 의무 사항들에 붙이는 명칭이다. 그 의무 사항들은 집단적으로 살펴볼 때 사회적 공리의 사다리에서 아주 높은 위치를 차지하고 있으며, 따라서 그 어떤 의무 사항보다 훨씬 더 중요하다. 그렇지만 다른 어떤 사회적 의무가 너무 중요하여 정의의 일반 원리들 중 하나를 잠시 유보해야 하는 특별한 사례들도 벌어질 수 있다. 가령 사람의 목숨을 구하기 위하여 필요한 음식이나 약품을 절도 혹은 강탈하거나, 또는 유일하게 자격증을 가진 의사를 납치하여 강제로 치료하게 하는 것 등이 그런 경우이며 이는 의무로 간주될 수도 있다.

우리는 미덕이 아닌 것을 정의라고 부르지 않는다. 위의 예외적 사례들에 대하여 우리는 어떻게 말해야 할까? 우리는 정의가 다른 도덕 원리에 밀려났다고 말하는 게 아니라, 통상적으로 정의로운 것이 어떤 다른 원리의 개입으로 인해, 그 특수한 경우에만 불의한 것이 되었다고 말할 것이다. 이런 적절한 언어 표현을 통하여 우리는 결코 침해될 수 없는 정의의 특징은 유지하면서도, 허용 가능한 불의가 존재할 수 있다고 주장하는 부담에서 벗어날 수 있다.

지금까지 제시한 고려사항들로 인하여 나는 공리주의 도덕 이론이 직면한 유일한 실제적 어려움을 해결했다고 생각한다. 모든 정의의 사례는 곧 편의의 사례였다는 건 분명하다. 단지 차이가 있다면 정의에 결부되는 감정이, 편의에 결부되는 감정과 뚜렷하게 구분이 된다는 점이다. 다음의 몇 가지 사례들을 전제해보자.

- 그런 특징적 감정(정의감)은 이미 충분히 해명되었다.

- 정의감에 어떤 독특한 근원을 부여할 필요가 없다.

- 정의감은 자연스럽게 발생하는 분노의 감정이며 사회적 공동선의 요구에 일치함으로써 도덕적 감정이 된다.

- 정의감은 정의의 개념이 적용되는 모든 부류의 사례들에 존재할 뿐만 아니라 존재해야 마땅하다.

우리가 위와 같이 전제할 수 있다면, 이 정의라는 관념은 더 이상 공리주의 윤리에 걸림돌이 되지 않을 것이다.

정의는 다음과 같은 사회적 공리(효용)를 지칭하는 데 적절한 이름이다. 정의는 (어떤 특수한 경우에는 그렇지 않을 수도 있지만 대체로 보아) 다른 어떤 것보다 더 중요하며, 따라서 더욱 절대적이고 명령적이다. 이 정의는 정도뿐만 아니라 종류도 전혀 다른 특별한 감정(정의감)에 의해 인도되어야 하며, 사실 자연스럽게 인도된다. 그리고 정의감은 단지 인간의 쾌락이나 편리(안락)를 증진하는 데 그치는 관념에 부수되는 가벼운 감정과 뚜렷하게 구분된다. 그런데 이 구분은 정의감에서 나오는 명령의 더욱 명확한 성질과, 정의감이 가하는 더욱 엄격한 특징을 지닌 제재에 의해서 뚜렷해진다.

존 스튜어트 밀의 연보

1806   존 스튜어트 밀이 런던에서 아버지 제임스 밀과 어머니 해리엇 버로 사이 9남매의 장남으로 5월 20일에 태어나다. 아버지 제임스 밀은 스코틀랜드의 앵거스 주에 있는 노스워터 브릿지의 구두 장수 겸 가난한 농부의 아들이었는데 스코틀랜드 유지들의 장학금 덕분에 에든버러 대학을 다녔다. 이 해에 나폴레옹이 예나에서 프로이센 군대를 패배시키고 유럽의 강자로 부상했다.

1809   3세의 어린 나이로 집에서 아버지 제임스 밀(1773-1836)의 교육 아래 그리스어를 배우기 시작하다. 이 무렵 그리스어-영어 사전이 변변치 않아서 어린 밀은 모르는 단어가 나올 때마다 아버지에게 물어야 했는데, 아버지는 『인도사』 집필로 바쁘면서도 단 한 번도 귀찮아하지 않고 답변해주었다. 밀의 아버지는 자신의 정신에 플라톤처럼 많은 혜택을 준 사상가가 없으므로 젊은이들은 반드시 플라톤을 읽어야 한다고 밀에게 가르쳤다.

1813   벤담이 파놉티콘(원형 감시) 교도소의 아이디어가 채택되지 않은 보상으로 2만3천 파운드의 보상금을 받다. 밀의 가족이 벤담의 저택 근처로 이사하다.

1814   누이동생과 라틴어를 배우기 시작하다. 밀이 먼저 배운 것을 여동생에게 가르쳐주고, 그 여동생은 다시 손아래 동생들에게 가르쳐

주었다. 밀은 리비우스의 『로마사』 첫 다섯 권을 읽었고 이 역사서에서 다루어진 로마 공화국의 주제가 너무 흥미로워서 그 다음 다섯 권도 혼자서 찾아 읽었다.

1815 6월 18일 브뤼셀 남쪽의 마을 워털루에서 웰링턴의 영국군이 나폴레옹 군대에 승리하여 황제를 세인트헬레나 섬으로 유배시키다. 나폴레옹 전쟁이 끝나면서 영국 내의 경제적 어려움이 전국으로 퍼져나가다.

1816 이 시기 밀은 아무런 종교적 신앙 없이 양육되었다. 사실 처음부터 그랬다고도 할 수 있는데, 아버지가 종교적 신앙을 거부했기 때문이었다. 아버지는 이토록 죄악으로 가득 찬 세계가 무한한 능력에다 선과 정의를 겸해 가지고 있는 전지전능한 창조주가 만든 것이라고는 도저히 믿을 수 없었다. 그리하여 밀은 『자서전』에서 이렇게 썼다. "나는 이 나라에서 종교적 신앙을 거부한 것이 아니라 오히려 아예 가져본 적이 없는 극소수의 사람들 가운데 하나이다. 나는 종교에 관해서는 부정적인 상태에서 자랐다. 나는 현대의 종교도 고대의 종교와 같은 것으로 보았다."

밀은 나중에 자신이 신이 있는지 없는지를 확신하지 못하는 불가지론자라고 밝혔다.

1817 리카도의 『경제 및 과세의 원리』 발간. 리카도는 밀의 아버지와 절친한 사이였고 경제학에 아주 밝은 사람이었으나, 너무나 겸손한 성격이어서 책을 쓸 생각을 하지 못했는데 제임스 밀이 적극 권하여 이 책을 발간하게 되었다. 그는 이어 제임스 밀의 권유로 1818년에 하원의원에 입후보하여 당선되었다.

1818 아버지 제임스 밀이 집필한 『인도사』가 발간되다. 이 책에서 제임

스는, 동인도 회사만큼 있는 힘을 다하여 인도 백성들에게 많은 선
의를 베푼 정부는 없다고 썼다. 이것이 그 회사 중역들의 호감을
얻어서 그는 그 회사에 입사하게 되었다. 당시 동인도 회사의 중역
들이 인도와 통신 연락을 맡아보는 영국 본토의 사무국을 강화하
려고 했는데 여기에 제임스가 지원하여 합격된 것이다.

1819 제임스 밀이 봄에 동인도 회사에 입사하다. 영국에서 피털루 학살
사건이 벌어지다. 이것은 현지의 민병대가 경제적 비참함에 항의
하는 노동자들을 살해한 사건이다.

1820 프랑스로 가서 철학자 제러미 벤담(1748-1859)의 동생 새뮤얼 벤담
(1757-1831)의 집에서 1년을 보내다. 철학자 벤담은 아버지 제임스
밀의 친지였다.

1821 법학자 존 오스틴(1790-1859)과 함께 로마법을 공부하고, 아버지 제
임스로부터 에티엔 뒤몽이 편집한 벤담의 저서 『사법 논문들』을
읽어보라는 격려를 받다.

1822 벤담의 집에 모여 2주에 한 번씩 공리주의 윤리와 정치를 토론하는
공리주의 협회를 창설하다. 과격한 이신론자 리처드 칼라일을 위하
여 언론의 자유를 옹호하는 편지 다섯 통을 쓰다. 리처드 칼라일은
기독교에 적대적인 내용의 글을 발표하여 비난을 받고 있었다.

1823 아버지가 근무하는 동인도 회사에 서기로 입사하다. 피임(避妊)을
지지하는 팸플릿을 돌리다가 체포되어 경찰 구치소에서 하룻밤을
보내다.

1825 벤담의 저서인 『사법적 증거와 존재근거』(런던, 1827)의 편집을 돕
다. 밀은 독일어를 배워서 공리주의 협회 사람들과 함께 정치경제학
과 논리학을 다루는 독일어 책들을 폭넓게 읽었다. 그는 로버트 오언

(1771-1858)의 제자들이 창립한 협동회 사람들과 활발한 토론을 벌였다. 이어 밀은 2주에 한 번씩 개최하는 토론회를 결성했다.

1826　『웨스트민스터 리뷰』에 글을 기고하기 시작하다. 공리주의 협회가 해산되다. 가을에 심각한 정신적 위기를 겪다. 밀은 『자서전』에서 이렇게 썼다. "나는 나 자신에게 이런 질문을 던졌다. '네 인생의 목적이 모두 실현되었다고 해보라. 네가 추구하는 제도와 사상의 변화가 지금 이 순간 모두 달성되었다고 해보라. 이것이 네게 큰 기쁨이 되고 행복이 되겠는가?' 나는 '아니다'라고 대답했다. 이렇게 되자 내 마음은 깊은 수심에 잠겼다 … 잠에서 깨어나는 즉시 이 비통한 사실에 대한 의식이 다시금 내게 엄습해왔다."

밀은 이 사건을 계기로 종래의 편협한 벤담주의에서 탈피하여 시와 예술의 중요성을 인식하기에 이르렀다. 칼라일과 콜리지의 사상에 접근하게 된 것도 이때였다.

1827　심한 우울증과 신경쇠약 증세로 괴로워하다. 밀은 콜리지의 시구 "소망 없이 일하는 것은 체로 물을 뜨려는 것과 같고, 그런 목적 없는 소망은 오래가지 못한다"를 자주 중얼거렸다.

1828　우연히 마르몽텔(현대에 들어와서는 거의 잊힌 프랑스 전기 작가)의 『회상록』을 읽다. 밀은 마르몽텔의 아버지의 죽음, 그 가족들의 어려운 형편, 그리고 아주 어린 소년이었던 마르몽텔이 갑자기 영감을 얻어 가족을 위해 아버지 대신 모든 일을 떠맡겠다고 다짐하는 대목에 이르러 깊은 감동을 받고 하염없이 눈물을 흘렸다. 그는 『자서전』에서 이 대목을 읽으면서 자신도 우울증을 극복할 수 있다는 확신을 얻었다고 썼다.

1829　토론회에서 탈퇴하다. 가톨릭 신자 해방법이 의회를 통과하다.

1830　프랑스에 7월 혁명이 벌어지자 파리를 방문하여 『이그재미너』에다 프랑스 상황에 대한 글을 많이 쓰다. 이 글 덕분에 토머스 칼라일 (1795-1881)과 교우하게 되었다. 7월 혁명은 부르봉 왕가의 마지막 왕인 샤를 10세를 몰아내고 루이 필리프를 왕위에 앉힌 혁명이다. 또 밀은 해리엇 테일러(1807-58)를 만나 정신적 사랑에 빠졌다. 그녀는 약종상 존 테일러와 결혼하여 자녀를 둘이나 두었고 당시 세 번째 아이를 임신 중이었다. 한편, 그는 프랑스의 생시몽 학파인 클로드 앙리 생-시몽(1760-1825), 아망 바자르(1791-1832), 바르텔미 프로스페르 앙팡탱(1796-1864) 등의 저서를 광범위하게 읽었다. 생시몽 학파는 프랑스 사회주의의 선구자였고 실증주의 혹은 실증주의 철학이라는 말을 처음 사용했다. 실증주의는 윤리, 종교, 정치와 같은 세상의 문제에 과학적으로 접근해야 한다고 보는 사상이다. 오귀스트 콩트(1798-1857)도 당초 이 학파에 속했다. 밀은 그 후 콩트와 자주 서신 교환을 했다.

1831　「시대의 정신」이라는 논문을 『이그재미너』지에 게재하다.

1832　최초의 개혁법이 의회를 통과하다.

1834　『런던 리뷰』를 편집하다. 밀은 그 후(1837) 이 잡지를 인수했다.

1835　알렉시 드 토크빌의 『미국의 민주주의』(제1부 총 2권, 파리, 1835)를 읽다. 이 책의 제2부는 1840년에 나왔다.

1836　「문명」이라는 논문을 발표하고, 『미국의 민주주의』 제1부 제1권의 서평을 쓰다. 밀의 아버지 제임스 밀이 사망하다. 밀이 건강을 해쳐서 파리에서 정양하고 있는데, 해리엇 테일러가 남편의 허락을 받고 두 아이와 함께 파리로 건너와서 간병하다. 그녀와 함께 스위스, 이탈리아 등지를 여행하고 11월에 귀국하다. 이 무렵부터 정치적·

사회적 의견 차이로, 또 해리엇과의 관계로 인해 유명한 역사가인 그로트 형제뿐만 아니라 여러 명의 친구들과 소원해지게 되었다.

1838 벤담의 공리주의를 일부 수정하는 「벤담론」을 발표하다.

1839 그 전해부터 건강을 해쳐서 동인도 회사를 잠시 휴직하고, 해리엇과 함께 이탈리아를 여행한 뒤 7월에 복직하다.

1840 밀이 「콜리지론」을 발표하고, 『미국의 민주주의』 제1부 제2권의 서평을 쓰다. 이 무렵부터 밀은 해리엇과의 관계 때문에 런던 사교계에 완전히 발을 끊었다. 이 해에 영국과 중국 사이에 아편전쟁이 발발하여 1842년까지 계속되었다.

1841 프랑스 철학자 오귀스트 콩트와 편지 교환을 시작하여 1846년까지 계속하다.

1843 3월에 『논리학 체계』 발표.

1844 1830년대 초기부터 써온 논문 다섯 편을 모아 『경제학의 미해결 문제들에 관한 논문집』이라는 제목으로 출간하다.

1846 아일랜드의 심각한 감자 기근으로 아일랜드 농민들이 대규모로 아사하는 사건이 벌어지자, 토지제도를 연구하여 그 대책을 다룬 글을 여러 차례 『모닝 크로니클』지에 게재하다.

1847 『정치경제학 원리』의 초고를 완성하여 4월부터 수정 작업에 착수하다.

1848 『정치경제학 원리』를 발간하다. 프랑스에서 시민 혁명이 발생하여 잠시 공화 정부가 들어서다.

1849 건강을 또다시 해치다. 7월에 해리엇 테일러의 남편, 존 테일러가 암으로 사망하다.

1851 4월, 영국 남부 웨이머스 근처의 맬컴 레지스에서 해리엇 테일러와

결혼하다. 해리엇의 전남편 소생인 두 자녀가 증인을 섰다. 이 결혼으로 밀은 어머니와 동생들과 결정적으로 사이가 틀어졌다. 프랑스에서 루이 나폴레옹이 쿠데타를 일으켜 권력을 잡고 스스로 나폴레옹 3세라 칭하다. 밀은 이 사태에 크게 실망하고 유럽 대륙의 자유주의의 장래를 비관했다.

1853 해리엇이 결핵에 걸린 것을 알고서 그녀를 남부 프랑스로 보내 정양을 시키다. 4월 해리엇이 귀국했고 밀 부부는 둘 다 병약하니 앞으로 해야 할 일을 서둘러 해야겠다고 결심했다. 7월, 크림 전쟁이 발발하여 1856년까지 계속되었다.

1854 4월, 밀의 어머니가 사망하다. 6월부터 7월까지 해리엇과 함께 프랑스에서 정양하고, 12월에는 혼자 유럽 대륙 여행에 나서서 다음 해 6월에 귀국하다.『자유론』집필에 착수하다.

1856 동인도 회사의 통신심사국 국장으로 승진하다. 심사국장 자리는 동인도 회사의 본국 사무국에서는 두 번째로 높은 고위직이었다. 여름에 동인도 회사를 사직할 것을 결심하다.『자서전』의 앞부분 3분의 2 정도에 해당하는 초고를 완성하다. 이 해에 중국에서 애로호 사건(제2차 아편전쟁)이 발생했다.

1857 인도에서 영국의 식민지 정책에 대한 반발로 인도의 세포이(원주민군)가 반란을 일으키다. 이로 인해 동인도 회사의 존폐가 기로에 서게 되었는데, 밀은 회사의 해산 조치에 반대하는 운동을 주도적으로 이끌면서 관계 요로에 청원서와 공개편지를 보냈으나 소용이 없었다.

1858 세포이 반란이 진압된 후에 동인도 회사가 해산되다. 그 후 새로 생긴 영국 정부 내 조직인 인도 자문 위원회(Indian Council)에서 일

해 달라는 제안을 받았으나 지난해 결심한 대로 사직하다.

11월, 해리엇의 정양을 위해 남부 프랑스를 여행하던 중, 해리엇이 아비뇽에서 폐출혈로 사망하다. 밀은 그 후 자신의 정양을 위해서 매해 아비뇽을 찾았다.

1859　『자유론』을 발간하면서 작고한 아내에게 헌정하다. 헌정사의 앞부분은 이러했다. "나의 글들 속에 담겨 있는 가장 훌륭한 모든 것들에 대하여 영감을 주고, 부분적으로는 그것들의 저자이기도 한 해리엇. 진리와 정의에 대한 높은 식견으로 늘 내게 강력한 동기를 부여해주었고, 따뜻한 칭찬으로 내게 최고의 보상을 해주었던 나의 친구이며 아내인 해리엇을 기억하고 슬퍼하며 이 책을 바친다."

「의회 개혁에 대한 생각」을 발표. 이 글을 바탕으로 『대의정부론』을 쓰게 되었다.

찰스 다윈의 『종의 기원』이 발간되다.

1861　4월, 미국에서 남북전쟁 발발. 밀은 노예제도 철폐를 지지하면서, 면화 수입의 공급처인 미국 남부를 지지하는 영국 내 여론을 비난했다. 『공리주의』를 『프레이저스 매거진』에 세 차례에 걸쳐 게재(단행본 발간은 1863)하고, 『대의정부론』을 발간하다.

1862　이 무렵 매주 토요일 저녁 그로트 형제, 최초의 밀 전기 작가인 베인, 케언스, 손턴, 스펜서 등을 저녁 식사에 초대하여 환담을 나누다.

1865　『오귀스트와 콩트』를 발간하여 콩트 사상의 획일주의를 비판하다. 7월의 총선거 때, 웨스트민스터 지역구의 자유당 후보로 하원의원에 당선되다.

1866　7월 23일, 선거법 개정 동맹이 하이드 파크에서 집회를 강행하려고 할 때, 설득으로 집회를 저지하여 유혈 사태를 미연에 방지하다. 의회

의 자메이카 위원회 위원장으로서 자메이카 현지 원주민들의 폭동을 영국 현지 경찰이 부당하게 탄압한 것을 규탄하다.

1867 제2차 개혁법이 통과되다. 밀은 여성에게 참정권을 부여하자는 주장을 폈으나 성공을 거두지는 못했다. 마르크스의 『자본론』 제1권이 출간되다.

1868 의원 총선거에서 재선에 실패하다.

1869 의붓딸 헬렌 테일러의 권유로 『여성의 종속』을 집필하여 발표하다. 수에즈 운하가 개통되다.

1870 의붓딸의 도움으로 집필하던 『자서전』의 집필을 거의 끝내다. 이 해에 밀의 건강은 눈에 띌 정도로 나빠졌다. 프랑스와 프로이센 사이에 전쟁이 발발하다.

1871 3월부터 5월까지 프랑스의 수도에 일종의 시민 정부인 파리 코뮌이 들어서다.

1872 영국 철학자 버트런드 러셀 탄생. 러셀은 나중에 커서 밀을 자신의 정신적 "대부"로 생각한다고 말했다.

1873 5월, 밀이 어렸을 적부터 좋아했고 또 만년에는 생활의 유일한 즐거움이었던 식물채집 여행 도중에 풍토병에 걸려 그달 8일에 별세하다. 마지막 유언은, "나의 일은 끝났다."

의붓딸 헬렌은 밀 사후에 원고를 정리하여 『자서전』(1873), 『종교에 관한 세 논문』(1874), 『사회주의론』(1879)을 펴냈다.

해제

이종인

존 스튜어트 밀(J.S. 밀)은 서양 철학에서 가장 위대한 네 명의 윤리 사상가 중 한 명으로 평가되고 있다. 나머지 세 명은 플라톤, 아리스토텔레스, 칸트인데 밀은 특히 칸트와 많이 대비된다. 두 사람의 도덕론은 결과론과 의무론이라는 이름으로 불리면서 상호 보완한다. 특히 밀은 아리스토텔레스의 『니코마코스 윤리학』으로부터 영향을 많이 받았다. 밀의 공리주의는 행복주의 혹은 질적 쾌락주의(어떤 쾌락은 그것이 제공하는 쾌락의 양과는 무관하게, 다른 쾌락보다 더 좋다)로 요약될 수 있는데 이것은 아리스토텔레스가 말한 '유다이모니아'와 깊은 관련이 있다.

밀의 도덕론은 여러 가지 흥미로운 주장을 하고 있어서 찬성과 반대의 의견들이 많이 나오고 있으므로 여러 면에 걸친 배경 자료가 필요하다. 이 해제는 먼저 저자의 생애와 저작의 배경을 알아보고, 이어서 밀과 해리엇 테일러의 플라토닉 러브를 검토한다. 그 다음에는 밀에게 영향을 미친 철학자들을 살펴본다.

이어 밀의 공리주의는 곧 행복주의인 만큼 서양의 윤리학사에서 행복의 개념이 어떤 과정을 거쳐서 정립되어 왔는지 그 역사를 검토하고, 그 다음에 행복과 자유가 밀의 철학 속에서 어떤 관계를 맺고 있는지 살펴본다. 그리고 뒤이어서 대화 형식의 작품 해설을 싣는다.

1. 저자의 생애

J.S. 밀은 제임스 밀(1773-1836)과 해리엇 버로의 아홉 자녀 중의 장남으로 태어나 아버지 제임스 밀로부터 어릴 때부터 독특한 교육을 받으며 성장했다. 공리주의자였던 아버지는 밀을 자신의 사상적 후계자로 생각하여 어릴 적부터 공리주의를 철저히 교육시켰다. 또 이러한 목적으로 밀에게 조기에 영재 교육을 시켰다. 밀은 3세 때부터 그리스어 교육을 받으며 소크라테스와 크세노폰의 책을 읽었고 수학과 역사책을 읽었으며, 8세 때에는 라틴어 수업을 듣고, 13세 때에는 리카도의 경제학 저서 『경제학 및 과세의 원리』를 읽었다. 아버지는 고정수입이 없어서 빈곤한 가운데에서도 『영국령 인도의 역사』의 집필에 매진했고, 그런 바쁜 중에서도 어린 밀의 교육을 직접 맡았다. 매일 아침 산책 때에 어린 밀은 아버지를 따라나섰는데 그 전날 읽은 책의 내용을 아버지에게 보고했고, 틀리게 보고하면 크게 질책을 받았다. 아버지는 어린 밀에게 다른 아이들보다 지능이 떨어지니 좀 더 열심히 공부해야 한다고 말하며 닦달했다(현대의 심리학자들은 과거 저명인사들의 아이큐를 여러 번 가상으로 채점했는데 밀은 항상 선두 자리를 유지했다. 심리학자들은 밀의 아이큐가 192 정도 되었을 것이라고 추측했다). 밀은 아버지를 기쁘게 해드리기 위해 휴일도 없이 열심히 공부를 했고 동년배의 소년들과 뛰어노는 일은 전혀 없었다. 그는 정규 학교 교육을 받은 바가 없었다. 밀 자신은 후일 아버지의 독특한 교육이 지성을 함양하는 데에는 큰 도움이 되었으나 그에 못지않은 결점도 있었다며 이렇게 회상했다.

"내가 받은 교육의 주된 결점은 이웃의 어린아이들과 함께 어울려 놀지 못했다는 것이고, 친구들의 무리 속에서 함께 뛰어놀 때 얻을 수 있는 정서적 혜택을 전혀 받지 못했다는 것이다."

밀은 14세에 제러미 벤담의 동생인 새뮤얼 벤담의 초청으로 프랑스로 건너가 약 1년간 견문을 넓히게 되었다. 귀국해서는 심리학, 역사, 법학과 더불어 벤담의 사상(공리주의)을 연구했으며, 특히 16세 무렵이던 1822년에 읽었던 벤담의 저술에 큰 감명을 받았다. 1823년에는 공리주의협회를 만들고 『웨스트민스터 리뷰』에 글을 기고하고, 벤담의 저서 『증거론』(1827)을 편집하면서 공리주의에 더욱 심취하게 되었다.

1823년 5월에 J.S. 밀은 아버지 제임스 밀이 근무하던 동인도 회사에 취직하여 이 회사가 해산되는 1858년까지 35년 동안 봉직했고 심사국장이라는 요직에 올랐다. 동인도 회사는 해산 이후에는 인도의 통치권을 국왕에게 넘겼고, 이후 1948년 인도가 영국으로부터 독립할 때까지 영국 정부가 직접 인도를 식민지로 관리했다. 밀은 1865년부터 68년까지 런던의 웨스트민스터 지구의 하원의원을 지냈으며, 의원 시절에는 영국 최초로 여성의 참정권을 주장했다.

밀은 1826년부터 한두 해 동안 심한 신경쇠약 및 우울증을 앓았는데, 이는 아버지의 이성을 중시하는 교육 방식과 다른 아이들과 어울려 놀지 못하는 정서적 불안 등이 겹쳐져서 발생한 정신적 위기였다. 밀은 『자서전』에서 자신의 그때 심경을 콜리지의 시 〈낙심〉의 한 구절이 잘 묘사한다고 말했다.

"허전하고 음침하고 쓸쓸한, 그러나 아픔 없는 슬픔,
졸리는 듯 숨 막히는 듯 얼빠진 듯한 슬픔,
말로나, 한숨으로나, 혹은 눈물로나,
저절로 흘러나와 사라져버리지 않는 슬픔."

이런 정신적 위기의 시절에 밀은 영국 시인 워즈워스의 시를 읽고 또 새뮤얼 콜리지를 통하여 독일 이상주의를 알게 되어 정신적 위기를 돌파하는 데 큰 힘을 얻었다. 이러한 정신적 위기가 지나가고 10여 년쯤 지나서 밀은 「벤담론」(1838)과 「콜리지론」(1840)을 썼는데 과거 우울증으로 고생했던 시절의 아련한 추억이 이 두 논문에 그대로 스며들어 있음을 엿볼 수 있다. 전자는 스승 벤담의 수량 위주의 공리주의를 비판한 것이고, 후자는 독일 관념론을 수입해와 영국 낭만주의에 접목시킨 콜리지에게 찬사를 바친 것이었는데, 사람은 지성으로만 살 수 없고 감성이 함께 해주어야 비로소 온전한 인격체를 형성한다는 깨달음이 이 두 편의 논문에 여실하게 묘사되어 있다. 밀은 벤담과 콜리지를 높게 평가하여 "우리 시대의 영국에서 가장 개척자적 정신을 지닌 위인이며 상상의 양극단 대척점에 위치한 두 거인"이라고 말했다.

밀은 1830년 프랑스의 7월 혁명을 계기로 생시몽의 사회주의 사상에 시선을 돌리게 되었다. 사실 19세기의 프랑스 사회는 세 명의 루이로 대표되는 시대였다. 루이 필리프는 1830년의 7월 혁명으로 샤를 10세를 뒤이어 프랑스 왕위에 올라 7월 왕정을 이끌었다. 그러나 7월 왕정은 1848년 2월 혁명 때 붕괴되었고, 그 직후 제2공화국이 선언되었다. 루이 블랑은 1848년 2월 혁명 후 공화정 수립을 주도한 급진 성향 정치인이나 혁명이 실패로 돌아가자 런던으로 망명했다. 나폴레옹 1세의 조카 루이 나폴레옹은 혼란스러운 제2공화정 상황을 종식시키고 1850년 대통령으로 선출되었으나 그 후 친위 쿠데타를 일으켜 스스로 나폴레옹 3세라고 칭제했다. 이로써 제2제정이 들어섰다. 나폴레옹 3세는 프로이센-프랑스 전쟁(1870-71)에서 패배하면서 퇴위했고 이후 프랑스에는 공화정이 들어섰다.

프랑스의 생시몽주의 및 콩트와 토크빌의 정치사상, 독일 관념론, 영국의 낭만주의 등은 밀의 공리주의 사상에 영향을 미쳤다. 그 덕분에 밀은 자신의 사상에 인도주의와 사회주의를 일부 가미하게 되었다. 1840년대에 밀은『논리학 체계』(1843)와『경제학 원리』(1848)라는 두 권의 대표적 저서를 출간했다. 전자는 사회과학 연구의 방법으로서 연역법과 귀납법을 병용해야 한다는 주장을 담은 책이고, 후자는 애덤 스미스의『국부론』과 리카도의『경제학 및 과세의 원리』등 고전파 경제학 원리들을 정연한 체계 속에 집대성한 것이었다. 밀의 경제학은 생시몽과 푸리에의 영향을 받아서 분배의 강조 등 사회주의적 정책이 많이 가미된 것이었으나, 마르크스 학파는 자본주의의 생산과 분배 구조를 그대로 두고서 분배만 강조한다고 해서 사회구조가 바뀌지는 않는다면서 밀의 고전주의 경제학을 비판했다.

이 두 주저 이외에 밀이 발표한 논문으로 주목을 받는 것은 생애 후반인 1860년대 나온『자유론』(1859)과『공리주의』(1863)가 있다. 이 두 논문은 서로 밀접한 관계가 있으므로 보통 함께 읽는다. 밀은 하원의원 재선에 실패한 뒤에는 의붓딸 헬렌 테일러의 도움을 받아가며 거의 프랑스 아비뇽에서 살았다. 특히 의붓딸은『자서전』의 집필에 큰 도움을 주었다. 이『자서전』의 집필이 끝나가던 1870년 경부터 밀의 건강은 눈에 띌 정도로 나빠져서 자주 병상에 눕게 되었다. 1873년 5월, 그는 어렸을 적부터 좋아했고 또 만년에는 생활의 유일한 즐거움이었던 식물 채집 여행 도중에 풍토병에 걸려 그달 8일에 별세했다. 죽던 날 밤, 그는 "나의 일은 끝났다"라는 마지막 말을 남겼다.

2. 저작의 배경

저작의 배경으로는 밀이 살았던 영국 사회와, 밀의 생애에서 중요한 두 인물인 어머니와 아내를 간단히 살펴본다. 먼저 밀의 시대를 개관해 보면 이러하다. 『공리주의』 제2장에서 밀은 문명국 사람의 자부심을 이렇게 서술한다.

"평소 생각을 하면서 살아가는 사람이라면 다음의 사실을 의심하지 않을 것이다. 이 세상의 대부분의 해악은 없앨 수 있으며, 인간 사회가 계속 발전한다면 통제 가능한 범위로 축소시킬 수 있다. 고통의 대명사나 다름없는 가난은 사회의 지혜에 의하여 완전히 퇴치될 수 있다. 사회 구성원들의 양식과 배려가 적절히 결합되기만 한다면 말이다. 가장 다루기 어려운 난적들 중 하나인 질병도 좋은 신체적·정신적 교육과 유해한 환경의 적절한 단속을 통하여 상당한 수준으로까지 축소시킬 수 있다. 또 학문의 발전은 이런 혐오스러운 적수를 좀 더 직접적으로 정복할 수 있는 장래를 보장한다. 이런 방향으로의 발전은 우리를 단명의 위험으로부터 구제해줄 뿐만 아니라, 실은 이게 더 우리의 관심사인데, 우리의 행복에 아주 소중한 사람들의 목숨을 빼앗아가는 것들도 막아줄 것이다."

밀이 살았던 시기는 인간의 힘으로 뭐든지 할 수 있다는 빅토리아 시대의 자신감이 팽배하던 시기였다. 영국은 나폴레옹을 상대로 전쟁을 개시한 직후에 일시적으로 경제적 곤란의 시기를 거쳤으나 곧 빅토리아 여왕 시대의 전반기에 들어서서 번영을 구가하게 되었다. 공업화와 민주화가 진전되는 변화 많은 시기였다. 새로운 산업기술이 각 방면에 보급되면서 사회의 계급적 구조에 변화가 왔고, 관료, 상인, 법률가, 은행가 등의 중산층이 성장하여 귀족계급을 압도하게 되었다. 경제적인 측면에서 자유방임주의가 위력을 발휘하면서 국민의 생활수준은 더욱 높아졌다. 그와 함께 공장법의 제정, 노동조합 결성의 승인, 선거법의 확장, 지방자치의 확대 등은 영국 사회의 민주화를 더욱 촉진시켰다. 대외적으로는 인도를 식민지로 삼아 대영제국의 판도가 크게 확대되었는데, 밀이 35년간 근무한 영국의 동인도회사는 이런 정치적·경제적 성장의 척후병 역할을 했다. 1860년대에는 중국을 상대로 아편전쟁에서 승리하여 영국의 국제적 위상이 더욱 높아졌다. 이러한 제국의 번영 덕분에 영국의 자유주의는 단지 부르주아 사상으로 그치지 않고 노동자를 포함하는 국민적 사상으로 발전해 나갔다. 이런 자유주의를 널리 선양한 대표적 사상가가 바로 J.S. 밀이었다.

1870년에 영국은 세상에서 가장 교역량이 많은 무역 국가였다. 연중 4만 척이 넘는 배들이 온 세계에서 몰려들어 접안하는 런던 부두는 런던 도시 그 자체보다 더 컸다. 해외 무역은 영국 국부의 밑바탕이었다. 영국은 유럽의 다른 나라들에 비하여 더 크고 더 부유한 중산층을 보유했다. 영국의 전문직 계급 종사자들도 유럽 대륙의 같은 분야 종사자들에 비하여 더 높은 임금을 받았다. 가령 1850년대에 경력 25년의 영국 항소법원 판사의 연봉은 6천 파운드인데 비해 같은 급의 프랑스 판사는 3천 파운드 정도밖에 되지 않았다. 옥스퍼드 대학 초임 교수의 급여는 기본 연봉이 6백 파운드인데 반하여 소르본 대학 교수의 연봉은 5백 파운드에 불과했다. 의사의 왕진(往診) 비용은 파리에서는 5~10프랑인데 비하여 런던에서는 1기니(약 25 프랑)였다. 프랑스 언론인은 유력한 파리 시내 잡지로부터 인쇄된 페이지당 200프랑을 받았으나, 영국은 같은 수준의 잡지라면 500프랑을 지불했다. 심지어 『타임스』는 한 건의 기사에 대하여 100파운드(2,500프랑)까지 지불하기도 했다. 영국 산업가와 귀족의 연간 수입은 20만 파운드(5백만 프랑) 수준이었고, 런던 시내나 주변에 상당히 큰 집을 가지고 있는 부유한 가정은 연간 수천 파운드의 수입을 올렸다.

여기에 언급한 화폐 수치에 대하여 전반적인 감을 잡을 수 있도록 구체적인 수치를 제시하면 이러하다. 1백만 프랑은 오늘날의 가치로 따지면 약 5백만 파운드(6백50만 달러) 상당의 상품과 서비스를 사들일 수 있고, 10만 프랑으로는 당시 널찍한 땅을 가진 프랑스 전원의 별장을 구매할 수 있었다. 또 19세기의 1만 프랑은 오늘날의 가치로 대략 5만 파운드(6만 5천 달러)에 해당하는데, 런던이나 파리에서 소규모 타운 하우스를 살 수 있는 돈이었다.

영국은 국부가 늘어나면서 문화, 예술의 방면에도 큰 발전을 이룩했다. 산업혁명으로 엄청난 부를 획득한 제조업자와 상업가는 예술 분야를 지원했고 동시에 예술품 수장가가 되었다. 나폴레옹 전쟁 동안에 군복 옷감을 공급하여 큰돈을 벌었던 리즈의 섬유 제작업자, 향유고래 기름 제조업자, 와인 거래상, 맨체스터의 목면 제조업자, 버밍엄의 펜 제조업자, 런던의 마필상 등이 예술가의 후원자로 나섰고, 일부 상인은 자신이 수집한 현대 영국 미술품 컬렉션을 내셔널 갤러리에 기증하기도 했다. 영국 내의 물자 생산도 풍부하여 일부 품목, 가령 목면은 유럽 대륙보다 가격이 더 쌌다. 영국 노동자들의 높은 임금은 높은 생활수준으로 이어졌다. 이처럼 국민들 전체가 잘 살게 되면서 영국인들은 유럽 여행을 다니기 시작했다. 게다가 1860년대에 이르러서는 영국은 물론이고 유럽 전역에 철도가 부설되어 유럽인들의 지역 간 이동이 더욱 쉽게 되면서 관광산업이 더욱 활성화되었다.

J.S.밀 생애의 중요한 두 여인들 중 먼저 아내 이야기를 해보자. 1830년 여름, 밀은 런던의 실업가(약종상)인 존 테일러의 집에 초대를 받았다. 밀은 정신적 위기로부터 벗어나기는 했으나 아직 정신이 불안정하던 시기였다. 이때 밀과 테일러의 부인 해리엇은 서로 호감을 갖게 되었다. 해리엇은 당시 두 아이의 어머니였다. 해리엇과의 관계는 그 후 밀의 사상에 커다란 영향을 미치게 되었다. 밀보다 한 살 아래인 해리엇은 1807년 하디 가의 딸로 태어나 1826년에 존 테일러와 결혼했다. 테일러는 유니테리언 교회의 열렬한 신자였는데 유럽으로부터 정치적 망명을 온 피난자들에게 피난처를 제공한 자유사상가였으나 그 외에는 이렇다 할 자질이 없는 남자였고, 학문, 회화, 시, 음악 등에는 전혀 취미가 없었다. 반면에 해리엇은 그런 방면에 많은 소질을 갖고 있는 여자였다. 당시 밀은 아직도 정서적으로 취약한 상태였고 이성 교제라고는 전혀 해본 적이 없는 순진한 남자였다. 이런 상황에서 밀과 해리엇은 서로에게서 자신이 갈망하던 이상형을 발견했고 깊은 사랑에 빠지게 되었다.

 빅토리아 시대의 사회에서 이혼은 결코 용이한 문제가 아니었다. 이혼한 후에 재혼하는 것도 역시 어려운 문제였다. 게다가 테일러 부부 사이에는 두 명의 어린아이가 있었다. 해리엇은 여전히 남편 존을 존경했으나 밀에 대해서는 학문과 예술 등 다른 의미에서 사랑했다. 해리엇은 남편에게 이런 사정을 고백했고, 남편은 아내에게 밀을 단념시키려고 애를 썼으나 잘 되지 않았다. 존 테일러는 엄청난 절제와 관용을 베푼 것으로 보아야 한다. 그는 아내와 밀에게 자신을 우스워 보이게 하는 상황은 절대로 연출하지 말라고 부탁하면서, 그렇게만 해주면 두 사람의 정신적 사랑은 받아들이겠다는 태도를 취했다. 그리하여 해리엇과 밀은 여행 같은 것은 함께 다니기도 했으나 사교계에 부부로 같이 나간 적은 단 한 번도 없었다. 그 후 이따금 밀이 테일러의 집을 방문하면 존 테일러는 클럽에 나가서 시간을 보냈다. 밀은 아버지와 친구들로부터 많은 비난을 받았으나 해리엇과의 교제를 그만두지 않았다.

통상적이라면 추문으로 번졌을 사건이 사람들의 비난을 받는 가운데 그런 대로 유지될 수 있었던 것은 관계자 세 사람의 이성적인 절제 덕분이었다. 밀이 후일 밝힌 바에 따르면, 밀이 해리엇을 사귀는 동안에 일체의 육체적 접촉이 없었다고 한다. 1836년 밀이 건강을 해쳐서 파리에서 정양할 때, 해리엇은 남편의 허가를 받고서 두 아이를 데리고 파리로 건너가 밀의 병간호를 했다. 그 후 두 사람은 함께 스페인 여행을 했고, 이후에도 프랑스와 이탈리아를 함께 여행했다. 이러한 불규칙한 관계는 1849년 존 테일러가 암으로 사망할 때까지 유지되었다.

해리엇과의 연애는 밀의 사회생활에 나쁜 영향을 주었다. 우선 밀의 사회적 교우 관계가 어려움을 겪었다. 그동안 친밀하게 지냈던 친구들이 하나둘 그에게서 멀어졌다. 칼라일과 밀의 사이가 틀어진 것도 칼라일이 해리엇과 밀의 관계에 대하여 "그게 글쎄 뭐 플라토닉 사랑이라든가 하여튼 뭐 그런 거래!"라고 조롱조로 말했기 때문이었다. 생전의 밀의 아버지가 해리엇과의 교제를 못마땅하게 여긴 것은 물론이었다. 뿐만 아니라 어머니와 여동생들과의 사이도 소원해졌다. 이 때문에 밀은 어머니에게 아주 섭섭한 감정을 품게 되었다.

1851년 밀과 해리엇이 결혼했을 때, 밀의 어머니는 해리엇에 대하여 극단적인 혐오감을 느끼고 주위의 사람들에게 노골적으로 험담을 했고, 이에 대하여 밀은 엄청나게 분노했다. 그리하여 1854년 어머니가 임종의 병상에 누워 있을 때, 여동생이 간청했는데도 밀은 병문안을 가지 않았다. 밀이 친구들은 물론이고 가족들과도 이처럼 소원해지는 것을 모두 감수하면서도 해리엇과의 교제를 포기하지 않은 이유는 무엇이었을까?

밀의 증언에 의하면, 해리엇이 밀과 거의 대등한 수준의 지성과 사상을 갖춘 여인으로서, 사회와 경제와 여성 등 여러 문제들에 대하여 동반자 겸 협력자였기 때문이었다. 밀은 『자유론』의 헌사에서도 "나의 글들 속에 담겨 있는 가장 훌륭한 모든 것들에 영감을 주고 부분적으로는 그것들의 저자이기도 한 그녀, 진리와 정의에 대한 높은 식견으로 내게 늘 강력한 동기를 부여해주었던 그녀, 그 칭찬이 내게 최고의 보상이 되었던 나의 친구 겸 아내였던 사랑하는 그녀"라며 최상급의 찬사를 바치고 있다.

그러나 남에게 찬사를 바치는 것은 밀의 평소 습관이었던 듯하다. 가령 칼라일이나 콩트에게 보낸 편지에서 밀은 상대방을 극찬하고 있는데, 이것 때문에 상대방은 밀이 자신(상대방)의 사상에 동조하나 보다 하고 오해를 할 정도였다. 실제로는 예의적인 찬사에 지나지 않았는데도 말이다. 따라서 우리는 밀이 해리엇에게 바친 최상급의 찬사를 다소 에누리해가면서 읽어야 한다.

이처럼 존경하고 사랑했던 해리엇과는 다르게, 밀이 어머니에 대하여 갖고 있던 감정은 처음부터 좋지 않았다. 밀은 『자서전』 첫 문단에서 자서전을 쓰게 된 배경을 설명하고 두 번째 문단부터 생애를 기술한다. "나는 『영국령 인도사』의 저자인 제임스 밀의 장남으로 1806년 5월 20일 런던에서 태어났다." 여기서 우리가 주목하게 되는 것은 어머니 이야기는 아예 나오지 않는다는 사실이다. 이 문장만 그런 것이 아니고 책의 전편에서 어머니 이야기는 전혀 없다. 어떻게 된 일일까? 밀의 『자서전』은 여러 차례 첨삭을 거쳐서 사후에 의붓딸 헬렌 테일러에 의해 발간이 되었는데 당초에는 어머니에 관한 짧은 문단이 다음과 같이 들어 있었으나 그것을 의붓딸 헬렌 테일러가 삭제했다고 알려져 있다.

"영국에서는 아주 따뜻한 마음을 가진 어머니는 찾아보기 어려운 존재이다. 만약 그런 어머니였다면 나의 아버지는 아주 다른 존재가 되었을 것이다. 이어 그의 자녀들이 서로 사랑하고 사랑받는 존재로 성장하도록 도와주었을 것이다. 그러나 나의 어머니는 아주 선한 의도에서 자녀들을 위해 고생하면서 인생을 보내는 방법만 알고 있었다. 어머니는 아이들을 위해 할 수 있는 것이라면 다 했다. 또 어머니가 자녀들에게 자상하게 대했으므로 아이들은 어머니를 좋아했다. 하지만 어머니를 사랑받게 하고, 존경하게 하고, 심지어 복종하게 만드는 데 필요한 품성을 안타깝게도 어머니는 가지고 있지 않았다."

밀은 어머니를 이렇게 묘사하고 있으나, 다른 사람들은 밀의 어머니가 매력적인 여성이었으며, 단지 제임스 밀같이 근면하고, 총명하고 야심찬 남자의 대화 상대가 될 정도의 지적 능력이 없었을 뿐이라고 말했다. 밀의 어머니는 전업주부였고 원래는 착한 성품을 가졌으나, 가난한 집의 주부가 그러하듯이 툭하면 불평을 늘어놓고, 까다롭고 화를 잘 내는 여성이 되었다. 또 밀이 지적했듯이 9년 동안에 아홉 명의 자녀를 출산하는 바람에 신체적으로도 기진맥진한 상태였다. 밀의 아버지는 신문이나 잡지에 투고해서 얻는 불확실한 수입밖에 없는 처지에서 많은 식구를 거느리게 되어 커다란 재정적 어려움을 겪었다. 이러한 가정환경은 당연히 밀의 어머니를 성마르고 조급한 여성으로 만들었을 것이다. 게다가 제임스 밀은 성미가 아주 급한 사람이었으므로 그 아내는 남편 시중을 드느라고 더욱 아이들을 제대로 돌볼 겨를이 없었을 것이다.

밀이 생애 만년에 『자서전』을 집필하면서 어머니에 대하여 냉담하게 말한 것은 소년 시절에 어머니에게서 느꼈던 비참한 기억이 만년에 갑

자기 떠올랐기 때문만은 아니었다. 밀은 자신이 1851년에 결혼한 여자에 대하여 어머니가 노골적인 적개심을 드러내며 전혀 존중해주는 빛이 없었기 때문에 서운하고 섭섭한 마음을 더욱 굳히게 되었다.

밀은 『여성의 종속』이라는 논문을 쓴 만큼 해방된 여성과 억압받는 여성의 차이를 누구보다 잘 아는 사람이었다. 그의 어머니는 아마도 돈은 잘 못 벌면서 고집스러운 남편과, 자유롭게 해방되어 자기 할 말 다 하며 사는 며느리를 상대해야 하는 까다로운 상황 속에서, 아들에게 살갑게 대하지 못했을 것이다. 이 때문에 어머니는 밀의 생각 속에서 차가운 심성의 소유자로만 남게 되었다. 밀은 어머니를 가리켜 "사랑받게 하고, 존경하게 하고, 심지어 복종하게 만드는 데 필요한 품성은 없었다"고 다소 모질게 말했는데, 어머니에게 바치지 않은 그런 사랑, 존경, 복종을 해리엇 테일러에게 바쳤다.

3. 해리엇과 밀의 플라토닉 러브

밀은 20년 동안 해리엇과 플라토닉한(육체적 교섭이 없는) 사랑을 하다가 그녀의 남편 존 테일러가 죽고 나서 결혼했다. 그러나 밀도 해리엇도 폐결핵으로 병약하여 두 사람이 결혼하여 함께 산 것은 겨우 7년이었다. 밀은 해리엇을 자신의 작업 동료 겸 정신적 지주로 생각했고, 이처럼 둘 다 건강하지 못하니 남은 세월을 사상적 저작을 집필하는 데 함께 전념하자고 서로 다짐하기도 했다. 밀은 『자서전』에서 해리엇이 성품, 정서, 지성, 판단력 등에서 자신보다 훨씬 뛰어나다고 극찬하고 있는데, 그 칭송의 정도가 너무 지나쳐서 어안이 벙벙할 지경이다. 이것은 뒤집어 말하면 그가 정서적으로 그녀에게 압도당했다는 것을 암시하기도 한다.

사실 당대의 여러 평론가들은 밀이 해리엇에게 완전히 빠져서 지나칠 정도로 결정(結晶) 작용을 일으켜 그녀를 거의 우상시한다고 생각했다. 밀은 45세가 될 때까지 아버지의 집에서 살았는데 그중 마지막 15년은 아버지의 별세로 사실상 집안의 가장이었으나, 해리엇 때문에 어머니와의 사이는 아주 차가웠다. 이러한 악감정은 "영국에서는 아주 따뜻한 마음을 가진 어머니는 찾아보기 어려운 존재이다"라는 밀의 삭제된 『자서전』 문장으로 구체화되었다. 이것은 참으로 수긍하기 어려운 진술인데, 가령 뉴욕 출신 남자와 결혼했다가 이혼한 여자가 "모든 뉴욕 남자는 나쁜 사람이다"라고 말하는 것과 같은 근거 없는 일반론인 것이다. 그렇지만 여기에서도 우리는 자기의 생각을 숨김없이 말하려는 밀의 용감한 글쓰기 정신을 느낄 수 있다. 대부분의 사람들은 남의 눈을 의식하여 어머니 이야기를 이렇게 모질게 말하기를 꺼렸을 텐데, 밀은 개의치 않고 솔직하게 써놓았다. 나중에 의붓딸 헬렌 테일러가 이 문장을 삭제하기는 했지만 말이다.

아무튼 어머니에 대한 섭섭한 감정을 마치 보상받으려는 듯이, 밀은 해리엇에 대하여 거의 여신을 숭배하는 것 같은 칭송과 찬사를 바쳤다. 그의 친구들은 밀의 그런 태도도 이해하기 어려워했지만, 그처럼 괴기할 정도로 해리엇을 칭송하는데도, 그것을 대외적으로 견제하지 않고 그대로 내버려둔 해리엇 본인의 태도도 참으로 이해하기가 어렵다고 생각했다. 여기서 우리는 『자서전』에서 묘사된 해리엇 테일러의 여신 같은 모습을 좀 다르게 보아야 하는 것이 아닐까 하는 생각을 하게 된다.

1951년에 F. 하이에크가 편집한 『존 스튜어트 밀과 해리엇 테일러: 그들의 왕복 편지와 결혼 생활』이라는 책이 런던에서 출판되었는데, 이 편지들을 읽어보면 해리엇은 때때로 상당히 고집이 세고, 밀을 만만히 여기는 듯한 모습으로 나온다. 이 편지들은 『자서전』 헌사에서 묘사된 해리엇의 천사 같은 이미지를 상당히 수정하고 있다. 자기주장이 강하고 양보를 하지 않으며, 자신이 어떻게 반응하더라도 결국 밀이 받아들일 것을 자신하는 여자의 모습이 발견되는 것이다. 다시 말해 해리엇은 오만한 여신 같은 모습으로, 밀은 여신의 신전 앞에서 무릎을 꿇고 제례를 거행하는 제사장 같은 모습으로 등장한다.

해리엇의 이미지를 같은 여자의 입장에서 묘사한 글이 하나 있는데, 아주 우연한 계기로 알려지게 되었다. 1851년 밀은 "여성의 참정권"이라는 논문을 『웨스트민스터 리뷰』에다 실었다. 나중에 아내가 사망한 후 밀은 이 논문이 사실상 해리엇이 쓴 것이라고 밝혔다. 그런데 소설 『제인 에어』의 작가인 샬럿 브론테가 이 논문을 발표 당시에 읽고서 엘리자베스 개스켈 부인에게 편지를 보낸 일이 있었다. 개스켈 부인 또한 빅토리아 시대에 소설가로 이름을 날린 문인이었는데, 1855년 샬럿 브론테가 사망하자 브론테가 그동안 그녀에게 보내주었던 편지들을 중심으로 『샬럿 브론테의 생애』(1857)라는 책을 펴냈다. 이 책에 1851년 9월 20일 자의 브론테 편지가 들어 있는데 브론테는 "여성의 참정권"이라는 논문의 필자가 남성(밀)인 줄로 알고 그 남성 필자(밀의 증언에 따르면 해리엇)에 대하여 이런 논평을 했다.

"나는 그 논문의 필자가 자기희생적인 사랑이나 이해관계를 초월한 헌신은 잘 모르는 사람이라고 생각해요. 나는 처음 그 논문을 읽었을 때 그 글의 필자가 강인한 심성에다 명석한 두뇌를 가진 여자일 거라고 생각했어요. 그러니까 고집 세고 질투심 강한 마음, 강철 같은 근육, 소가죽 같은 신경의 소유자일 거라고 보았어요. 권력을 동경하지만 애정이라고는 전혀 느껴본 적이 없는 그런 여자 말이에요. 많은 여자들에게 애정은 아주 달콤한 것이고 정복된 권력(참정권)은 아무래도 상관없는 그저 그런 거지요. 물론 우리 여자들도 남에게 영향력을 행사하는 건 좋아하지만."

샬럿 브론테는 개스켈 부인으로부터 그 필자가 밀이라는 (잘못된) 이야기를 듣고서 다시 이렇게 말했다.

"나는 J.S.밀이 이 세상을 삭막하고 건조하고 황량하게 만들 거라고 생각해요. 물론 그는 논문의 상당 부분에서 아주 합리적으로 말을 하고 있어요. 가령 이렇게 말한 부분이 그래요. '여자가 남자들의 일에 부적합한 체질을 갖고 태어난 거라면, 그 문제로 법률을 제정할 필요가 없다. 여자들한테 직접 그 일을 해보라고 하라. 성공할 여자는 성공하여 좋은 기회를 얻게 될 것이다. 능력이 안 되는 여자는 제자리를 찾아갈 것이다.' 그는 '모성'(母性)의 문제에 대해서도 그런 식으로 건조하게 말해요. 간단히 말해서 그는 머리는 아주 좋은데, 뭐라고 할까, 그의 가슴은 경멸하고 싶어져요. 당신은 인간의 본성에는 엄청난 여백이 있어서 그 어떤 논리학자들도 파악하지 못하는 부분이 있다고 말했지요? 나는 흔쾌한 마음으로 그걸 사실이라고 믿어요."

그런데 밀은 자신이 여신이나 다름없이 숭배하는 해리엇을 브론테가 이런 식으로 폄훼한 것을 뒤늦게 알고서 개스켈 부인에게 항의했다. 어떻게 전기 작가가 남의 소중한 아내를 그런 식으로 폄훼하는 편지를 실을 수 있느냐고 따진 것이다. 개스켈 부인은 당대의 지성인 J.S.밀이 항의를 해오니까 죄송하다며 사과를 했다. 그러나 『자유론』에서 언론의 자유를 극력 권장한 밀이 전기 작가 엘리자베스 개스켈이 아무런 중상 비방의 의도 없이 공개한 편지 한 장을 가지고 그 전기 작가에게 따지는 것이 과연 평소 언론의 자유를 소리 높여 외치던 밀의 신념과 일치하는 행동인가 하고 비난하는 연구자(거트루드 힘멜파브)도 있다.

아무튼 밀이 해리엇을 거의 여신처럼 숭배한 것은 확실한데, 과연 그것이 여신다움에 대한 자연스러운 발로인지, 독재자인 아버지 밑에서 성장하여 후일 그 교육에 반항한 데다가 어머니와 극도의 불화를 겪은 아들이 그 반동으로 다른 여성에게서 보상받으려는 심리가 작용한 것이었는지, 우리는 명확하게 판단을 내리기가 어렵다. 그렇지만 남녀관계는 당사자 두 사람이 아니면 알 수 없는 많은 미묘한 정서와 기억과 의지로 채워져 있기 때문에 우리가 곁에서 바라본 것이 전부가 아님을 감안하면서 두 사람의 플라토닉 러브를 판단해야 할 것이다.

4. 밀에게 영향을 미친 철학자들

밀의 공리주의에 직접적인 영향을 준 철학자는 스승 제러미 벤담(1748-1832)이다. 19세기 영국 저술가들은 정치 이론을 전개할 때 정신(도덕) 철학으로부터 출발하는 경우가 많았다. 벤담은 이런 지식인 사회의 풍조에 걸맞게 입법의 원리를 서술하는 서론으로서 『도덕 및 입법의 여러 원리 서설』이라는 책을 출판했다. 이 도덕 부분이 벤담이 주장하는 도덕철학의 정수이다. 벤담은 이 책의 제1장 첫 문장에서 이렇게 말한다.

"인류는 고통과 쾌락의 지배를 받는다. 자연은 인간을 고통과 쾌락이라는 두 군주의 지배를 받게 만들어 놓았다. 오직 이 두 가지만이 우리가 마땅히 해야 할 것을 지적하고 또 우리가 앞으로 어떻게 행동할 것인지를 결정한다. 원인과 결과라는 연결 고리에서, 옳고 그름의 기준은 이 둘(고통과 쾌락)의 왕좌에 단단히 연결되어 있다. 이 둘이 우리가 하는 모든 행동, 모든 발언, 모든 생각을 지배한다. 우리가 이러한 예속 상태를 벗어던지기 위하여 행하는 모든 행동은 오히려 그것을 더욱 단단히 증명하고 확인해줄 뿐이다. 사람은 말로는 이 둘의 제국을 거부하는 체할 수 있을 것이다. 그러나 실제로는 이 제국에 내내 철저히 종속되어 있다. 공리의 원리는 이러한 예속을 인정하며, 그것이 사회 조직의 기초가 된다고 가정한다. 사회 조직의 목적은 이성과 법률이라는 두 손으로 행복한 조직을 만들려는 것이다. 이 원리를 부정하는 조직은 실체 대신에 허풍을, 이성 대신에 변덕을, 빛 대신에 어둠을 선택하는 조직일 뿐이다."

그러면서 벤담은 최대 다수의 최대 행복을 주장하는데 그 요점은 다음 여섯 가지이다.

첫째, 쾌락 혹은 행복을 만들어내는 것은 선이고, 고통 혹은 불행을 만들어내는 것은 악이다. 행위의 옳고 그름은 이 쾌락의 유무에 따라 결정된다.

둘째, 도덕의 원리에 입각한 사회의 선은 사회를 구성하는 개인들의 선의 총합이다. 최대 다수의 최대 행복이 곧 사회의 선이다.

셋째, 도덕은 도덕가의 주관적 판단에 맡길 것이 아니라, 인간성의 객관적 법칙 위에 수립되어야 한다.

넷째, 쾌락과 고통은 수학적으로 계량이 가능하다.

다섯째, 개인이 쾌락과 고통을 받아들이는 능력은 같다고 생각되므로 사회의 선을 생각할 때에도 한 사람의 선을 계산하는 것처럼 계산이 가능하다.

여섯째, 입법 즉 통치의 원리도 이 도덕의 원리와 동일하다.

벤담이 등장하기 전까지 도덕에 관한 지배적 학설은 자연법 사상에 바탕을 두었으며, 애덤 스미스의 『도덕감정론』이 대표적인 저서이다. 그러나 실정법과는 다르게 우리가 구체적으로 경험한 바 없는 자연법에 호소한다는 것은 행위자의 자의적인 판단에 따라 달라질 수 있다. 애덤 스미스의 공감(共感) 이론도 행위자의 감정에 따라 선이 될 수도 있고 반대로 악이 될 수도 있는 주관적 사상이라는 난점이 있다. 벤담은 이것을 수정하여 도덕의 법칙 또한 자연과학과 마찬가지로 객관적 법칙 위에 정립할 수 있다고 생각하면서 공리주의 사상을 내놓았다.

그런데 J.S.밀은 그의 논문 "벤담론"에서 이런 벤담 사상에 반기를 들었다. 밀은 인간의 도덕, 더 나아가 인간성을 하나의 수학적 대상으로 인식하는 벤담의 인간관이 너무 편협하다고 보았다. 또 역사, 사회, 개인의 심리 등에 대한 벤담의 이해가 너무 상상력이 부족하다고 주장했다. 사회를 결속시키는 힘, 가령 공동의 이상, 충성심, 국가적 특성 등을 소홀히 다루었고, 명예, 위엄, 자기수양, 아름다움에 대한 사랑, 질서, 권력, 행위 등을 잘 알지 못했고, 오로지 인간 생활의 '사무적인' 측면만 다루었다고 보았다. 한 마디로 인간성이 무한히 복잡하다는 것을 감안하지 못했다는 것이다. 바로 이런 측면을 보완하기 위하여 밀은 『공리주의』를 쓰게 되었다.

두 번째로 영향을 준 사상가 이마누엘 칸트(1724-1804)는 『공리주의』에서 세 번이나 언급되었는데, 칸트 사상을 간략히 요약하면 이러하다. 칸트는 우선, 경험에 따라서 드러나는 세계(칸트의 용어로는 "현상계")와, 인간의 마음과는 독립적으로 존재하는 물(物)자체의 세계("예지계")를 구분했다. 그리고 인간의 지식은 현상계에 국한되고 물자체는 영원히 알 수 없다고 보았다. 칸트는, 예지계에 대한 지식을 얻을 수 있으면 회의주의를 극복할 수 있다고 생각한 영국 철학자 데이비드 흄의 사물 우선 입장이 오류라고 진단했다. 칸트가 볼 때 예지계는 그것이 무엇인지 알 수 없는 상태를 유지한다. 현상계에서 경험되는 사물이 물자체와 어떤 관계가 있다고 가정하지만 그것도 어디까지나 추측에 지나지 않는다. 흄

이 회의주의를 극복하는데 실패했으므로 칸트는 발상의 순서를 완전히 뒤집어, 사물보다는 사람을 강조하면서, 구체적으로는 사람의 인식 구조를 먼저 탐구하는 방법으로 나아가, 순수 이성, 실천 이성, 판단력의 3가지 범주를 정립했다.

칸트의 주저『순수이성 비판』은 인간의 지식 혹은 생각을 분석한 책이다. 지식을 구성하는 판단력은 직관(intuition)과 이해(understanding)의 합성물이다. 직관은 시간과 공간 속에 존재하는 사물들에 대한 인식을 우리에게 제공한다. 그러나 이 시간과 공간의 개념은 '실재(reality)'가 아니며 우리가 사물을 인식하는 방식, 곧 우리의 마음속에 갖추어져 있는 본능적 습관이다. 따라서 직관은 사물 그 자체를 우리에게 알려주는 것이 아니라 사물의 외양 곧 '현상'만을 알려준다. 이해는 다시 오성(Verstand)과 이성(Vernunft)으로 나뉘는데 오성은 직관이 제공하는 정보들을 연결하는 판단이고, 이성은 그런 판단을 종합하여 보편적 개념을 만들어내는 능력이다. 오성의 판단 범주는 수량, 품질, 관계, 양태 네 가지인데, 이것으로부터 사람은 연속성과 인과 관계의 법칙을 이끌어낸다. 이런 판단 범주는 인간의 마음속에 본래부터 있는 것이고 외부 세계에서 온 것이 아니라고 칸트는 말한다. 따라서 외부 세계에 대한 우리의 판단은 우리의 마음이 만들어낸 것이지, 실재 그 자체, 다시 말해 물자체(외부에 실제로 존재하는 사물)는 아니다.

이성은 오성이 만들어낸 개념, 판단, 과학적 제안들을 종합하여 물자체(Ding an sich), 절대, 보편, 영혼, 신 같은 일반 개념을 만들어낸다. 하지만 이런 일반 개념들은 시간과 공간, 혹은 범주와 마찬가지로 실재가 아니라 우리의 마음이 작동하는 방식일 뿐이다. 달리 말해서, 모든 지식은 상대적이며, 우리 마음의 제한을 받는다. 그 결과 일반 개념과 실재가 서로 일치하는지에 대하여 회의(懷疑)가 생겨날 수 있다. 이 때문에 이 율배반(二律背反; antinomy)이라는 것도 생겨난다. 가령 어떤 이론이 서로 모순(배반)되지만 똑같이 증명 가능한 것이다. 예를 들어 우주가 유한한 지 무한한지, 물질이 원자로 구성되어 있는지 아니면 무한히 쪼개지는 지, 자유의지가 가능한지 혹은 불가능한지, 이 중 어떤 것도 증명할 수 있고 그 반대를 증명할 수도 있다. 우리는 오로지 현상만 알 뿐 그 현상 에 일치하는 실재(물자체)는 우리 마음으로는 알 수가 없다.

그러나 『실천이성 비판』에서 칸트는 화제의 초점을 지식에서 의지로 전환한다. 우리의 의지에 직접적으로 호소하는 의무감은 순수이성만으 로는 파악할 수 없는 실재에 대한 확신을 제공한다. 실천이성은 우리에 게 신(神), 자유의지, 개인 영혼의 불멸 등이 실재함을 확신시킨다. 그런 개념들을 논리적으로 증명하지는 못하지만, 의지가 발동해 그런 것들이 확실히 있다고 믿는 것이다. 증명은 되지 않지만 의지의 작용으로 그런 것들(신, 자유의지, 불멸)을 받아들여야 한다는 사실은 오히려 그런 것들의 매력을 더욱 크게 한다. 이 의지의 작용으로 인간의 도덕률이 확립된다. 도덕률은 그 경험적 내용 때문이 아니라 그 형식 때문에 보편적이고 범 주적이다. 이것을 가리켜 칸트 도덕 사상의 형식주의라고 한다. 만약 이 런 도덕률이 없다면 인간은 그 자신이 자유롭다는 사실을 결코 알지 못 할 것이다. 그리하여 실천이성은 인간이 자유롭고, 영혼은 불멸하며, 신 은 존재한다고 규정한다.

윤리의 문제에 있어서 칸트는 인간의 의지를 자율적인 것과 타율적 인 것으로 나눈다. 자율적인 것은 개인 내부의 원칙에서 나오는 것으로, 개인의 욕망이나 성향과 상관없이 작동할 수 있다. 칸트는 '의무', '존 경', '법의 정신' 등을 자율 의지로 보아 이것으로 윤리의 바탕을 삼았다. 이 자율 의지가 정언명령(categorical imperative)의 밑바탕이며 가언명령(hypothetical imperative)과 대립한다. 그리하여 이 세상에서 선량한 것은 선량한(자율적이기 때문에 선량한 것이다) 의지뿐이라고 보는데, 이것을 가리켜 의무론적 윤리학이라고 한다.

가언명령이 조건부적 명령이라면 정언명령은 무조건적 명령이다. 정언명령을 구체적 문장으로 표현하면 다음과 같다. "그대의 의지에 의한 그대 행동 규칙이 온 세상의 보편적 법칙이 되는 것처럼 행동하라." 가령 살인 행위, 절도 행위, 기만 행위는 그 누구라도 해서는 안 되는 보편적 도덕률이라는 것이다. 이 정언명령의 관점에서 볼 때 가장 비윤리적 행동은 거짓말이다. 그것은 개인의 내적 불일치와 이중적 성격을 보여주는 행동이기 때문이다. 칸트는 정언명령을 이렇게도 표현했다. "모든 사람을 그 자체로 하나의 목적으로 대하고, 결코 수단으로 대하지 말라."

칸트는 평생 고향 쾨니히스베르크를 떠나지 않고 그곳에서 연구하고, 가르치고, 글을 쓰다가 세상을 떠났다. 그곳 대성당에 있는 그의 무덤 묘비에는 『실천이성 비판』에 나오는 저 유명한 문장 "내 머리 위에는 별이 반짝이는 하늘, 내 마음에는 도덕률"이 새겨져 있다.

『판단력 비판』에서 칸트는 지식과 의지가 아니라 느낌의 문제를 고찰하면서 아름다움과 목적의식에 대해 명상한다. 이런 것들도 인간의 마음이 작동하는 방식에 따라 결정된다. 기호(嗜好)는 어떤 사물에 대한 만족 혹은 불만족을 판단하는 기능인데, 그 사물 자체의 품질에 좌우되는 것이 아니라, 그 사물이 우리의 마음속에 재현될 때 우리가 보이는 주관적 반응에 의해 결정된다. 따라서 만족은 그 사물에 대하여 이해관계가 없을 때(disinterested) 더 잘 얻어진다. 가령 목재업자는 나무를 볼 때, 저 나무를 상품화하면 값이 얼마나 나갈까를 먼저 생각하기 때문에 나무 본연의 아름다움을 잘 보지 못한다. 아름다움이란 이해와 상상력이 조화될 때 느껴지는 것으로서 사람들을 보편적으로 즐겁게 한다. 숭고함은 상상력과 이해력 사이에 불일치가 일어날 때 사람을 당황하게 만드는 느낌이다. 목적의식은 자연 속의 어떤 사물들이 적응의 결과로 생겨났다는 느낌에서 유래한다. 그러나 이 느낌은 순수이성에 비춰 보면 환상에 지나지 않는데, 그것은 우리의 시간 의식이 우리의 사고방식을 제약하기 때문에 그러하다. 우리는 시간이라는 개념을 적용하여 어떤 현상들을 계기적(繼起的: 연이어서 벌어지는 것)으로 파악하려 하는데, 실제로 그 현상들은 동시에 존재할 수도 있는 것이다.

칸트 사상 중에서 J.S.밀과 관련되는 부분은 정언명령과 물자체인데 『공리주의』의 1장, 2장, 그리고 5장에서 언급되어 있다.

스무 살의 J.S.밀은 정신적 위기에 빠졌을 때 새뮤얼 콜리지(1772-1834)의 시 〈낙담〉을 읽고서 깊이 공감했다. 콜리지는 훌륭한 시인 겸 문학평론가였지만 아편 중독으로 인생의 간난신고를 많이 겪은 불우한 사람이었다. 그의 문학 사상은 주로 독일 관념론에서 영감을 받았다. 관념론은 독일 철학의 전통을 가리키는 말로서 칸트, 피히테, 헤겔 등이 대표적 철학자이다. 관념(ideal)은 물질과 대비되는 것으로서 이것이 진정한 실재라고 가르치는 철학인데 그 원조는 이데아를 설파한 플라톤이다. 이 관념이라는 단어는 독일 문학의 한 시기, 즉 1790년에서 1805년에 이르는 시기의 특징을 지칭하는 말이기도 한데 실러(1759-1805)가 이 시기의 대표적 문인이다. 실러는 칸트의 철학으로부터 영향을 받았고 또 괴테와의 교유로부터도 영향을 받았다. 실러는 칸트의 다소 무미건조한 형식주의의 도덕에 대립하여 본능적인 선행을 강조하면서 그 나름의 심미적 심리학을 정립했다. 또한 심리적 균형이 심미적 심리 상태를 가져온다는 이론을 주장했다. 그러면서 실러는 괴테가 이런 심리적 균형을 두루 갖춘 대표적 시인이라고 칭송했다. 실러와 괴테 같은 독일 고전주의 작가는 낭만주의의 전조가 되었는데, 이것이 콜리지를 통하여 영국으로 건너와 영국 낭만주의에 심대한 영향을 끼쳤다.

콜리지는 1798년에 독일에 10달 동안 머물면서 칸트, 실러, 셸링의 철학을 깊이 있게 연구했고 그로부터 많은 영향을 받았다. 이것이 나중에 콜리지가 문학비평가로서 또 영국 낭만주의의 선구자로서 입지를 굳히는 배경이 되었다. 그는 상상과 공상, 이성과 이해, 상징과 알레고리, 유기적 형태와 기계적 형태, 문화와 문명 등의 중요한 비평적 아이디어를 전개했다. 그는 양성적이라는 개념도 도입했다. 즉 남성적인 힘과 여성적인 힘이 인간의 내면세계를 관장하고 있다는 것이다. 이 두 가지가 함께 조화를 이루고 정신적으로 협동할 때 인간은 정상적이고 편안한 상태가 된다. 남성도 자기 두뇌의 여성적인 부분을 사용해야 하고, 여성도 자기 내면의 남성적인 부분과 교섭을 가져야 한다. 위대한 마음이란 바로 이런 양성성이 겸비된 상태이다. 이런 비평 개념들은 직관과 관념을 중시하는 것들이었고, 물질적이고 수학적인 벤담의 공리주의와는 정반대의 입장에 있는 사상이었다.

J.S.밀은 이 콜리지에게 깊은 인상을 받아서 「콜리지론」이라는 논문을 썼는데 콜리지가 존 로크 이래 영국의 경험론 철학의 비(非)관념론적 측면을 보완해주는 철학자라고 말하면서 영국의 철학은 콜리지 덕분에 그 깊이를 더할 수 있게 되었다고 썼다. 밀은 콜리지를 벤담과 대비시키면서 "벤담은 인간의 사상에 대하여 '그것이 진리인가' 하고 묻기를 좋아했고, 콜리지는 '그것의 의미는 무엇인가' 하고 묻기를 좋아했다"라고 말

했다. 밀은 『공리주의』에서 인간의 쾌락 중 질적인 측면을 강조하고, 인간성의 복잡한 신비를 이해하려고 애쓰고, 행복의 모습이 여러 가지 양상을 띠고 있다고 말하는데, 이런 것들은 콜리지의 영향을 받은 것이다.

5. 행복의 역사

공리주의는 곧 행복주의이므로 서양에서는 행복을 어떻게 생각해왔는지 파악하면 배경자료로서 도움이 된다. 윤리의 첫 번째 철학자는 플라톤이다. 그는 『테아이테토스』(*Theaetetus*)에서 꿈과 현실을 구분하기가 어렵다면서 이렇게 설명한다(플라톤의 대화에서는 소크라테스가 대부분 주인공으로 등장한다).

테아이테토스: 미친 사람과 꿈꾸는 사람이 엉터리인 것을 믿고 있다고 단정하지 못하겠습니다. 가령 미친 사람은 자신이 신(神)이라고 생각하고, 꿈꾸는 사람은 자기가 꿈속에서 날개가 달려 공중을 날아간다고 말하는데 그걸 틀렸다고 단정하기가 어려워요.

소크라테스: 당신은 그 경우, 특히 꿈꾸는 사람과 관련하여, 꿈과 현실에 대하여 제기될 수 있는 또 다른 의문을 주목해 본 적이 없습니까?

테아이테토스: 그 의문이란 무엇입니까?

소크라테스: 지금 이 순간 당신과 나는 대화를 나누고 있는데, 우리 두 사람이 꿈을 꾸고 있는 게 아니라는 객관적 증거를 제시할 수 있습니까? 우리가 현실 속에서 어떤 생각을 하면서 대화를 나누고 있다고 생각하는 것이 틀림없이 현실 속의 일이며 꿈속의 일이 아니라는 명확한 증거를 내놓을 수 있습니까?

테아이테토스: 소크라테스여, 그런 증거를 내놓을 수 있을지 의문이 듭

니다. 꿈과 현실은 서로 똑같기 때문입니다. 우리가 지금 나누고 있는 대화가 똑같이 꿈속에서도 진행될 수 있습니다. 또한 꿈속에서도 다른 꿈을 말할 수가 있는데, 그 두 상태는 아주 비슷합니다.

소크라테스: 그렇지요. 그래서 우리가 꿈인지 생시인지 의문을 품어볼 여지가 충분히 있습니다. 사실 우리의 시간은 수면과 각성으로 구분되어 있고, 어느 상태에 있든 그 순간에 벌어지는 일이 진실이라고 확신합니다. 그래서 꿈의 세계의 실재가 현실 속의 실재만큼이나 진실한 것입니다.

플라톤은 이데아를 주장하면서 초월을 가르쳤는데, 위에서 말한 꿈과 현실의 관계는 이데아의 입장에서는 역전이 된다. 다시 말해, 이 세상은 꿈이고, 이데아가 현실(실재)이라는 것이다. 그러면서 플라톤은 진정한 행복은 이 이데아를 추구하는 것이라고 말한다.

그러나 플라톤의 제자인 아리스토텔레스는 이데아 대신에 형상(이데아)과 질료(구체적 사물)를 내세워 뒤의 것, 즉 이 지상의 사물을 더 중시했다. 그는 인생의 궁극적 의미는 이 지상에서 행복을 얻는 것이라고 하면서 그것을 유다이모니아(eudaimonia)로 설명한다. 이것은 "좋은 것"과 "사람의 운명"의 합성어이다. 즉, 행복은 용기, 관대함, 친절함 등 좋은 것(행동)으로 구성된다는 것이다. 우리는 선량하고 덕성스러운 성격을 도야하고, 우리 자신뿐만 아니라 남들을 위해 좋은 행위를 함으로써 행복을 성취한다. 따라서 행복은 즐거움, 재미, 놀이의 문제로 국한되지 않고 자기 자신보다 더 큰 것, 가령 가정, 친구, 공동체에 연결되어 있는 유대감의 문제가 된다. 유다이모니아의 생활에 대하여 아리스토텔레스는 『니코마코스 윤리학』에서 이렇게 말했다. "인간의 선은 영혼이 미덕에 일치하여 움직이는 것을 뜻한다." 따라서 잘 산다는 것은 아름다움, 절제, 지혜, 관대함 등의 여러 가지 미덕을 함양하고 구현하는 것이다. 이러한 미덕들은 양극단 사이의 중용을 취할 때 얻어지는데 그 중용을 취하게 하는 것은 인간의 이성(理性)이다. 그리하여 용기는 무모함과 비겁함의 중용이 된다. 그렇다고 해서 용기가 반드시 그 두 극단의 정확한 중간 지점을 의미하지는 않는다. 단지 그런 미덕이 덕성스러운 사람이 이해하는 방식으로 그 둘 사이의 어디쯤에 존재한다는 것이다. 아리스토텔레스는 미덕들이 서로 상호 보완한다고 생각했다. 한 가지 미덕을 함양하면 자연스럽게 다른 미덕으로 옮겨가게 되며, 그 미덕들 사이에는 아무런 갈등도 없다는 것이다.

또 다른 행복 사상가는 에피쿠로스이다. 그는 쾌락을 좇고 고통을 멀리하는 것이 인간의 본성이므로 쾌락을 가져다주는 것은 선이 되고 고통과 불쾌감을 가져다주는 것은 악이 된다고 말했다. 그리하여 고통을 줄이고 최대한 쾌락을 많이 얻는 것이 선하고 행복한 삶이다. 그는, 빵과 물만 있다면 신도 부럽지 않다고 말하는 금욕주의에 가까운 건전한 쾌락주의자였다. 인간이 필수적인 욕망만 추구한다면 고통 없는 상태인 아타락시아(ataraxia)에 이를 수 있다고 보았다. 에피쿠로스는 소박하게 살며 두터운 우정을 나누는 공동체를 만들어 자신의 철학을 실현하고자 했다. 그는 모든 사람들을 공동체 일원으로 맞아들였고, 쾌락에 끌려다니지 않아야 행복할 수 있다고 설파했다.

이러한 에피쿠로스의 쾌락주의와 아리스토텔레스의 유다이모니아는, 『공리주의』에 나타난 J.S. 밀의 행복관을 떠받치는 두 개의 기둥이다. 하지만 이 고대 그리스의 행복 사상은 곧 기독교에 의해 밀려나게 된다.

서기 325년 니케아 공의회에서 콘스탄티누스 대제는 기독교를 암묵적으로 승인했고, 이어 기독교는 380년에 로마제국의 유일한 국교로 공인되었다. 이렇게 하여 기독교의 인생관이 유럽 전역에 퍼져 나가게 되었다. 기독교의 산상수훈은 이렇게 가르쳤다. "행복하여라, 의로움 때문에 박해를 받는 사람들! 하늘나라가 그들의 것이다. 사람들이 나 때문에 너희를 모욕하고 박해하며, 너희를 거슬러 거짓으로 온갖 사악한 말을 하면, 너희는 행복하다! 기뻐하고 즐거워하여라. 너희가 하늘에서 받을 상이 크다."

이 가르침은 고대 시대가 끝나가고 중세가 시작되던 5세기부터 유럽 사람들에게 커다란 인식의 전환을 가져왔다. 로마와 그리스의 사상은 현세 지향적인 것이었으나, 기독교는 내세 사상을 강조했다. 다시 말해, 인간은 지상에 있는 동안 나그네에 지나지 않고 신앙은 나그네의 양식(esca viatoris)이며 그의 영원한 집은 천상에 있다는 것이었다. 이승에서 실천한 자비롭고, 경건하고, 선량한 행동은 사후에 천상으로 올라가 영원한 행복으로 보상받는다. 그래서 이런 격언도 나왔다. "생명(인생)이란 무엇인가? 그것은 죽음의 노예, 한 장소의 손님, 지나가는 여행자에 불과하다." 이러한 인생관은 중세 천년 동안 거의 도전을 받지 않았다.

그러다가 유럽에서 완전히 잊혔던 아리스토텔레스의 저작이 스페인의 무슬림 왕국을 통하여 아랍어 번역으로 1200년 경에 유럽에 역수입되었다. 그 철학은 중세 유럽의 기독교적 인생관에 충격을 주었고, 그리하여 유럽의 신학자, 철학자, 과학자들은 그 사상을 주목하게 되었다. 인생의 의미가 천상에서 비로소 실현되는 것이 아니라 여기 현실에서도 얼마든지 달성 가능하다는 행복 사상은 당연히 그들을 매혹시켰다. 이런 사상적 반발이 생겨나자 교회는 지상에서의 행복을 중시하는 아리스토텔레스 철학과 기독교 교리 사이의 갈등을 해소해야 되었다.

이를 위하여 토마스 아퀴나스는 두 갈래의 행복이라는 새로운 개념을 정립했다. 이승에서 행복을 발견하는 것은 가능하다, 그러나 지상의 행복은 천상의 행복에 비하면 촛불과 태양의 차이이며 기껏해야 예고편에 지나지 않는다는 것이다. 다시 말해, 현세에서도 행복을 누릴 수 있으나, 그것은 천상의 행복을 슬쩍 엿보게 해주는 예고편이다. 아퀴나스에 의하면, 아리스토텔레스는 예수 그리스도가 성육신(成肉身)하여 천상의 행복을 가르치기 이전인 고대 세계에서 활동했기 때문에 이런 차이점을 알지 못했다. 기독교 교회는 이런 두 갈래 행복론을 내세우면서 유다이모니아의 도전을 받아넘겼다.

이어 토마스 아퀴나스를 사숙한 단테의 『신곡』(1320)과 존 버니언의 『천로역정』(1678)은 이 예고편 사상을 더욱 정교하게 가다듬었다. 이 두 작품은 모두 꿈속에서 본 것을 꿈에서 깬 후에 기록한다는 형식을 취하고 있다. 『신곡』은 영혼의 선택을 보여주는 드라마로서 꿈의 형식을 취한 기독교의 위대한 알레고리이다. 이 작품은 기독교적 계시의 찬란함과 그에 대한 두려움을 그 주제로 삼는다. 반면에 『천로역정』은 이야기의 창조, 상상, 전개라는 측면에서 『신곡』보다 한결 간단하고 또 이해하기도 쉽다. 이 책 또한 알레고리를 사용하고 있으며, '세속 현자', '수다', '쾌락 경', '음탕부인', '허영의 시장' 같은 여러 인상적인 캐릭터가 등장한다. 『천로역정』의 시작 부분(꿈을 꾸면서 크리스천이 하늘나라로 가는 여정에 오르게 되는 것)은 단테의 『신곡』 서두와 아주 비슷하다. 그러나 버니언이 이 책을 쓸 당시에 영국 내에는 단테 작품의 번역본이 없었고, 버니언은 거의 무학이어서 영어 이외에 다른 언어는 알지 못했다. 이처럼 중세와 근세의 서로 다른 시대에 살았던 두 작가가 거의 비슷하게 천국으로의 여행 이야기를 하고 있다는 것은, 이 지상을 천상으로 가기 위한 하나의 도정으로 여긴다는 생각이 중세 천년은 물론이고, 그 후 근대가 시작되는 시점에도 여전히 위력을 발휘했음을 보여준다.

하지만 근세에 들어와 인생은 지금 여기에서 열심히 살아야 할 소중한 단 한 번뿐의 기회라고 주장하는 제3의 견해가 등장했다. 크게 보면 밀의 『공리주의』도 결국 이 견해에 속한다고 할 수 있다. 르네상스와 종교개혁을 거쳐서 계몽주의 시대가 되자, 사람들은 천상의 행복보다는 지상의 행복, 그러니까 지금 여기에서 실현되는 삶의 의미가 더 중요하다고 생각하게 되었다. 그리하여 영국의 경험론 철학자인 존 로크(John Locke)는 "행복의 추구"라는 표현을 처음 썼는데, 이것은 나중에 미국 독립 선언문에도 들어가 생명과 자유와 함께 인간의 기본적인 권리로 정립되었다.

이 지상에서 행복을 성취해야 한다는 사상은 중세 천년 동안의 사상과는 좋은 대조를 이룬다. 이 행복 추구는 인간의 가장 보편적인 삶의 목표가 되었고, 그 결과 1800년대는 모든 사람이 행복한 이상적 사회를 창조한다는 사상에 사로잡혀, 가난, 불평등, 기타 온갖 비참함의 원인이 완전히 제거된 유토피아를 꿈꿨다. 바로 이런 시대 분위기에 편승하여 독일 철학자 카를 마르크스(Karl Marx)와 프리드리히 엥겔스(Friedrich Engels)는, 지금까지의 철학자는 세상을 해석하려고만 했을 뿐 바꾸려고 하지 않았다고 하며, 세상을 바꾸는 구체적 방법이 있다면서 공산주의 사상을 주창했다. 이 사상은 종교를 허상으로 보아 곧 소멸될 것이라 했고 개인 재산도 존재하지 않게 될 것이라고 보았다. 모든 생산 수단은 국유화되어 자본가의 노동자 착취는 원천봉쇄 된다고 가르쳤다. 자동화 장치를 지속적으로 도입하여 일하는 시간이 크게 줄어들어, 그 남는 시간에 지적이고 창조적인 관심사를 추구함으로써 즐거움과 행복이 크게 늘어날 것이라고 했다. 이렇게 볼 때 마르크스의 행복관은 지금 여기에서 행복을 성취해야 한다는 아리스토텔레스의 사상과 유사한 점이 많다. 하지만 이 사상은 러시아에서 70년 동안 실천된 끝에 1989년의 베를린 장벽 붕괴와 1991년의 소련 해체로 탁상공론임이 판명되었다.

이런 현세 중시 사상은 계몽 시대보다 훨씬 오래전에 이미 나와 있었다. 고대 로마의 시인이며 무신론자인 루크레티우스(BC 94경-BC 55경)는 『사물의 본성에 대하여』(De rerum natura)라는 장시에서 이 세상 모든 것이 형이하(形而下: 물질의 영역)이며, 그것을 원자로 설명할 수 있다고 주장했다. 루크레티우스가 이 장시에서 노래한 철학은 고대 그리스의 철학자 에피쿠로스(BC 341-BC 270)의 쾌락주의 사상과 거의 일치하며 그 주된 내용은 이러하다.

"무(無)에서 유(有)는 나오지 않는다. 자연은 허공 중에서 움직이는 원자로 구성되어 있고 이 세상과 그 안에 있는 모든 사물은 아주 세련된 물질인 원자들의 만남과 연결이 빚어낸 결과다. 신들은 아무것도 하지 않는 자들로서, 인간에 대해서는 무관심하다. 원자는 보통 밑으로 움직인다. 그러나 이 경로에서 원자가 일탈하면 충돌이 발생한다. 인간의 자유의지는 이런 일탈과 비슷한 것이다. 감각은 다양한 형태, 크기, 무게를 지닌 원자들이 조합되어 이루어진다. 영혼은 원자로 구성되어 있다. 따라서 인간이 사망하면 그 신체와 함께 영혼도 죽는다. 저승이라는 것은 미신에 불과하니 그에 대한 공포를 떨쳐버리고 지금의 이 세상을 자유롭게 살아라."

루트비히 포이어바흐(1804-1872)는 이런 현세주의 사상을 강조하면서 종교(특히 기독교)는 인간적 특성을 숭배 대상(신)에 투사한 것이라고 말한다. 그는 기독교의 삼위일체, 즉 성부·성자·성령은 인간의 이성·의지·사랑이 투사된 것이라고 설명한다. 이런 인간적 투사를 거두어들일 때 비로소 인간의 가능성은 무한히 뻗어나가게 되고, 이런 무신론의 입장에서 숭배할 대상은 인류애(humanity)여야 한다고 주장한다. 따라서 기존의 종교는 인류애의 종교로 전환되어야 하고, 영혼의 영원불멸이라는 주장은 한갓 환상임을 깨달아야 한다고 말한다.

프리드리히 니체(1844-1900)는 영원 회귀의 이론(die Lehre von der ewigen Wiederkunft)을 내세우며 현세 중시 사상을 더욱 강력하게 밀어붙였다. 그는 『차라투스트라는 이렇게 말했다』에서 영원 회귀를 이렇게 설명한다. "최대의 것에서나 최소의 것에서나 지금과 동일한 바로 이 삶으로 나는 영원히 돌아오리라. 다시금 모든 사물에게 영원 회귀를 가르치기 위하여 … 다시금 대지와 인간의 위대한 정오에 관해 말하기 위하여. 그리하여 다시금 인간에게 초인을 알리기 위하여." 니체는 기독교적 의미의 영원을 거부하고 새로운 개념의 영원(영원 회귀)을 제시했다. 대지와 세상을 인간 유일의 진정한 집으로 찬양하고, 인간의 몸을 인간의 진정한 영혼이라고 부르는 것이다. 절반은 동물적이고 절반은 형이상학적인 인간의 의식은 대지라는 뚜렷한 대상을 가져야 하고, 그 대지 위에서 벌어지는 삶에 대하여 초인과 같은 사랑을 가져야 한다는 것이다.

니체의 이런 사상은 시인 라이너 마리아 릴케가 노래한 "삶이라는 어두운 예감"의 주제와 비슷하다. 릴케는 『두이노의 비가』 제9곡에서 이렇게 노래했다. "오로지 한 번 어느 것이나 한 번뿐이다. 한 번 그리고 다시는 없다. 그리고 우리도 한 번뿐, 두 번 다시 돌아오지 않는다. 그런데 한 번뿐일망정 이처럼 한 번은 존재했다는 것, 이 지상에 존재했다는 것, 이것은 돌이킬 수 없을 듯 싶어라." 이 시는 대지의 현실에서 누린 한 번뿐인 참된 삶의 자세야말로 영원한 존재의 세계에 대한 하나의 형식이라고 주장하고 있다. 또한 인간과 사물에게 중요한 것은 단 한 번뿐이라는 시간 의식이 아니라 지상이라는 터전에서의 참된 삶임을 강조하고 있다. 쉽게 말해서, 인생을 아주 충실하게 살아내면 그것이 곧 영원의 삶이라는 것이다.

J.S.밀은 자신이 스스로 『자서전』에서 밝힌 것처럼 종교적 신앙이 없는 불가지론자였고, 그래서 행복을 추구해야 한다면 이 세상, 지금 여기에서 추구하여 성취해야 한다고 보았다. 그리하여 자유와 공리라는 두 수레를 중심으로 이 세상에 인간 중심의 종교를 만들려 했다. 가령 밀은 『공리주의』 제3장의 끝부분에서 이렇게 말한다.

"신의 섭리를 믿지 않는다고 해도, 인류의 일체감에다가 종교와 같은 심리적 힘과 사회적 효율성을 부여할 수 있다는 것을 보여준다. 이 일체감은 인간 생활을 지배하고, 인간의 모든 생각, 감정, 행위에 영향을 미칠 수 있다는 것이다. 기존의 종교가 사람들에게 미친 엄청난 영향으로부터, 우리는 이런 사회 내의 일체감이 가져오게 될 결과의 전형과 예고를 보게 된다. 그리하여 일체감에 따르는 위험이 있다면, 그 일체감이 불충분할 수도 있다는 것이 아니라, 반대로 너무 과도하여 인간의 자유와 개성을 부당하게 간섭할 수도 있다는 것이다."

밀은 여기서 기존의 종교와 같은 영향력을 가졌으되, 신에게 기대하지 않는 인간들끼리의 협동과 일체감으로 인간 사회를 완벽하게 만드는 〈인간의 종교〉를 제안하고 있다. 약간 다르게 말한다면, 신 없는 신학을 제시하고 있는 것이다. 이 문장에서 나온 '전형'과 '예고' 중 전형은 기성 종교가 사람들을 일치단결시키는 전형적 힘을 가리키고, 예고는 기존 종교가 이룬 업적이 앞으로 〈인간의 종교〉가 이루게 될 업적을 미리 보여준다는 뜻이다.

6. 밀과 종교의 문제

위에서 신 없는 신학을 말했으니 여기서는 밀이 종교에 대해서 구체적으로 어떤 생각을 갖고 있었는지 알아보자. 그에 앞서 밀의 인품을 좀 더 알아보면 이러하다. 무엇보다도 밀은 개별적인 것이 아니라 전반적인 것, 가령 자유나 공리 같은 사상을 좋아했다. 그는 또 공리주의의 일부 부족한 점을 인정하고 그것을 바꾸었다. 가령 공리주의와는 정반대 지점에 있는 콜리지의 독일 관념론에 깊은 관심을 보인 것이나, 아내 해리엇 테일러의 초월주의 사상을 받아들인 것이 그런 경우이다. 그는 아첨을 싫어했고 자기의 저서를 남이 칭찬해주는 것도 별로 좋아하지 않았다.

아버지 제임스 밀과 제러미 벤담의 사상적 영향에도 불구하고 그는 놀라울 정도로 공리주의 이외의 다른 사상에 대해서도 열린 마음을 갖고 있었다. 밀의 전기 작가 마이클 팩의 『존 스튜어트 밀의 생애』(1954)는 밀을 이렇게 묘사한다. "그의 겉모습은 침착하고 냉정하게 보인다. 그러나 그의 머리에는 거대한 엔진이 돌아가는 듯한 이성이 깃들어 있다. 그는 정말로 따뜻하고 올곧고 고상한 영혼의 소유자이다. 언제 어디서라도 누군가에게서 배우려고 하는 마음을 가진 사람이다."

그는 자신이 옳거나 참이라고 생각하는 문제에 대하여 정직하게 대답하는 것을 망설이지 않았다. 이것을 보여주는 가장 대표적인 사례가 종교에 대한 그의 태도이다. 그의 아버지 제임스 밀은 아들에게 철저한 무신론의 교리를 가르쳤다. 하지만 밀은 그 무신론에 반발했다. 가령 프랑스 필로조프(philosophe: 18세기 프랑스 계몽주의의 이신론적·유물론적 사상가)들이나 제러미 벤담은 종교를 가리켜 유치한 판타지와 감정, 위안을 주는 망상, 신비한 헛소리, 의도적인 거짓말 등으로 매도했다. 그러나 밀은 신의 존재는 개연성이 있고 더 나아가 가능성이 있다고 보았으며, 단지 칸트가 『순수이성 비판』에서 말한 것처럼 증명할 수 있으면서 반대로 증명할 수 없는 이율배반이라고 보았다. 그러나 신이 모든 면에서 선할 수는 있어도 전지전능은 아니라고 생각했다. 전지전능했다면 이 세상에 이렇게 많은 악이 횡행하도록 내버려두지 않았을 것이라고 보았다. 밀은 모든 면에서 선하면서 동시에 전지전능한 존재(신)는 인간의 논리로는 파악이 되지 않는다는 이야기를 납득하지 못했다. 그는 종교의 신비 사상이 까다로운 문제들을 회피하려는 변명이라고 생각했다.

그는 어떤 사안에 대하여 잘 모르는 것이 있으면 솔직하게 잘 모른다고 말했다. 『공리주의』와 『자유론』에서 가끔 나타나는, 논리적으로 망설이는 듯한 태도는 이런 심성에서 유래하는 것이다. 그는 비논리적인 믿음을 가진 사람들의 권리를 위해서는 싸워줄 각오가 되어 있었으면서도 정작 그 자신에 대해서는 그런 논리와 무관한 권리를 주장하는 것을 거부했다. 밀은 그리스도를 이 지상에 살았던 사람들 중 가장 선량한 사람으로 존경했다. 유신론(有神論)을 고상한 사상이라고 보았지만 그의 지성으로는 도저히 납득이 되지 않는 신념 체계였다. 그는 영혼의 불멸을 개연성이 있다고 보았으나 그 가능성은 아주 낮다고 생각했다.

한마디로 말해서 그는 빅토리아 시대의 전형적인 불가지론자(不可知論者: 신이 있는지 없는지 명확하게 알지 못한다고 생각하는 사람)였다. 그는 무신론을 불편하게 여겼으며 종교를 순전히 개인이 알아서 결정할 문제라고 생각했다. 그는 의회 의원에 입후보했을 때, 웨스트민스터의 유권자들이 그 자신에 대하여 그 어떤 질문을 하더라도 다 답변해줄 준비가 되어 있으나 종교적 견해만은 물어보지 말아 달라고 요청했다. 그것은 표가 떨어질 것을 우려한 비겁함 때문이 아니었다. 선거 유세 기간 내내 그는 솔직하고 무모할 정도로 겁이 없었다. 그래서 어떤 유권자는 밀의 정강 정책을 그대로 실천해야 한다면 하느님 자신도 당선되지 못할 것이라는 농담을 했다. 그가 종교적 견해에 대해서 언급하기를 거부한 이유는, 인간은 자신의 사생활에 대하여 철저히 보호받을 권리가 있으며, 필요하다면 그 권리를 위해 싸워야 한다고 생각했기 때문이었다.

나중에 의붓딸 헬렌 테일러와 여러 사람들이 왜 무신론자 편을 좀 더 철저하게 들지 않고 우왕좌왕 망설이느냐고 비난했을 때에도 그의 신념은 흔들리지 않았다. 그는 신의 존재를 의심할 수 있는 권리를 자신의 고유한 재산이라고 생각했다. 그 누구도 자기 자신에게 신앙에 관한 생각을 강요할 수 없다고 보았다. 종교 문제에 대한 그의 침묵이 남들에게 피해를 입힌다는 결정적인 근거가 없는 한, 밀은 자신의 그런 태도를 바꾸어야 할 이유를 느끼지 못했다. 그는 자유와 관용을 진정한 종교의 필수적 덕목이라고 보았다. 기독교 교회는 성(聖)과 속(俗)을 철저히 구분했는데, 밀은 그것이 기독교의 가장 위대한 성취 중 하나이며 사상의 자유를 가능하게 해주는 훌륭한 구분이라고 생각했다.

7. 공리와 자유의 관계

밀의 『자유론』은 자유의 중요성과 그 한계를 논한 자유주의의 고전이다. 밀이 1855년 1월 로마의 카피톨리움의 돌계단에 앉아 있을 때 문득 구상이 떠올랐다고 한다. 그 내용과 표현에 이르기까지 해리엇 테일러와 자세히 의논해가면서 쓴 것이라고 전해진다. 밀은 이 책에 대하여 이런 말을 했다. "『자유론』은 『논리학 체계』를 제외한다면 내가 쓴 어느 책보다 더 오랜 생명을 가지게 될 것 같다. 왜냐하면 해리엇의 정신과 나의 정신이 합쳐져서 저술된 그 책은 단 하나의 진리(자유)에 관한 일종의 철학 교과서가 되었기 때문이다."

이 책은 1832년 제1차 선거법 개정이 이루어진 후 노동자의 선거권 확대도 시간 문제였던 시점에, 민주주의의 진전을 기뻐하면서 집필한 것이었다. 그러나 밀은 민주주의를 무조건 찬미할 만한 것으로 보지는 않았다. 민주주의의 확대에 따라 경계해야 할 지점도 있었다. 가령 교육을 받지 못한 다수가 숫자의 우위만을 내세워서 소수자의 의견을 억압하면 그건 곤란한 일이었다. 밀은 이미 토크빌의 『미국의 민주주의』 서평에서도 지적한 바와 같이, 다수의 횡포라는 민주주의의 결점을 경고한 바 있었는데, 그 때문에 『자유론』에서도 소수의 의견을 최대한 존중해야 한다고 강조하고 있다. 이것은 피지배자의 의지와 지배자의 의지가 일치되면 최대 다수의 최대 행복이 실현된다고 하는 벤담의 낙천주의와는 상당히 거리가 있다.

또한 『자유론』에서 밀은 언론의 자유에 대하여 역사상 여러 가지 사례를 들어가며 특별히 강조하고 있다. 특히 3장에서 밀은 자유를 옹호하는 논거로서 인간의 개성 혹은 자발성을 제시하며 "개인의 자발성은 내재적 가치로서, 그것을 개인 자신처럼 존중할 필요가 있다"라고 말한다. 더욱이 독일의 철학자 훔볼트의 말, "가장 훌륭한 지적 원리는 인간 능력의 조화로운 발전을 궁극적 목표로 삼는다"에 동의하여 자유의 개별성과 환경의 다양성이 반드시 필요하다고 역설한다. 이러한 생각은 독일의 관념론에 가까운 것으로서, 최대 다수의 최대 행복을 내세우는 공리주의와는 상당히 다른 입장이다. 공리주의는 행복을 가져오는 행위를 가장 중요하게 여기는 반면에, 『자유론』에서는 '인간이 무엇을 할 수 있는가'라는 문제보다는 '어떠한 인간이 되는가' 이것이 더 중요하다고 주장하기 때문이다.

그 외에 밀은 언론의 자유가 진리의 발견에 필요하며, 진리의 발견은 당연히 사회의 발전에 유익하다고 말한다. 제4장과 5장에는 정부 간섭의 행위가 서술되어 있는데 그 간섭의 한계가 모호한 가운데, 과연 밀이 구분한 것처럼 사람의 행위를 자기만의 행위와, 남들과 관계되는 행위로 나누는 것이 적절한가 하는 의문을 갖게 한다. 밀은 국가권력의 증대가 반드시 개인의 자유에 피해를 입힐 것이라는 생각에 집중함으로써 자유의 개념을 너무 소극적으로 바라보고 있다. 이러한 밀의 태도는 사회의 전통과 제도가 가지고 있는 교육적(혹은 강제적) 효과와 국가의 개입 즉 경제적 통제에 의하여 국부를 더욱 늘리고 그에 따라 개인의 능력을 동시에 발전시키는 것, 또는 경제가 발전하여 두루 잘 살게 될 경우의 자유의 향상, 그리고 기술발달에 의한 사회 안전망이 인간의 자유를 더욱 개선시키는 효과 등, 적극적 자유의 개념은 소홀히 다루고 있다.

게다가 밀이 『자유론』에서 주장하는 내용이 공리주의와 불일치하는 부분도 있다. 밀은 『자유론』 1장에서, "자신이 다루고자 하는 것은 의지의 자유가 아니라 시민적 자유 또는 사회적 자유, 즉 사회가 개인에 대해 합법적으로 행사할 수 있는 권력의 본질과 그 한계에 대한 것이다"라고 말한다. 그러면서 이렇게 부연한다. "이 글의 목적은, 사회가 법률적 벌칙이라는 형태의 물리적인 힘을 수단으로 해서든, 여론에 의한 강압을 수단으로 해서든, 개인을 강제하고 통제하는 것을 '절대적으로' 규율하는 데 사용할 수 있는 아주 간단한 원칙을 천명하는 것이다. 그 원칙은, 인간이 자신의 어느 구성원의 행위의 자유에 개인적으로든 집단적으로든 개입하는 것이 정당화되는 유일한 경우는 자기 보호를 목적으로 하는 때뿐이라는 것이다."

여기서 우리는 '절대적으로'라는 말에 주목하게 된다. 즉 자유가 거의 절대에 가까운 가치라는 것이다. 그런데 『공리주의』 제2장에서 밀은 이런 말을 한다. "어떤 행위가 행복을 증진시켜 주는 것이라면 그 증진의 정도에 비례하여 옳은 행동이 되며, 만약 불행을 증진시켜 주는 것이라면 그 증진의 정도에 비례하여 그른 행동이 된다." 이것을 다르게 말하면 최대 행복을 가져오는 행위가 가장 옳은 행위라는 것이다. 그러니까 자유도 가장 높은 가치이고 공리도 가장 높은 가치인 것이다. 여기서 우리는 이런 질문을 던지게 된다: "그렇다면 『공리주의』와 『자유론』의 관계는 어떻게 되는 것인가? 공리와 자유 중 어떤 것이 더 우선하는 가치인가?"

개인의 자유와 공리(행복)가 똑같은 가치라고 보고 그 둘이 서로 충돌할 경우는 어떻게 되는가? 가령 사회 전체의 행복을 위하여 개인의 자유를 어느 정도 억제해야 할 경우는 어떻게 할 것인가? 밀은 『공리주의』 제5장의 거의 마지막 부분에서 이런 말을 한다. "허용 가능한 불의가 존재할 수 있다고 주장하는 부담에서 벗어날 수 있다." 겉으로는 불의가 없다고 하는 것이지만 실은 허용 가능한 불의가 존재할 수 있음을 암시한다. 이것을 풀어서 말하면, 사회의 공리를 추진하기 위해서는 개인의 중요한 가치(정의, 자유, 행복)를 어느 정도 희생시킬 수도 있다는 뜻이다.

밀은 『자유론』(1859)에서 사회나 정부가 개인의 자유에 개입해서는 '절대로' 안 되고 단지 '자기 보호의 목적'에서만 개입할 수 있다고 했다. 그러나 『공리주의』(1861)에서는 최대 다수의 행복(즉 사회 전체의 행복)을 위해서는 개인의 공리(행복 혹은 자유)를 어느 정도 희생할 수도 있음을 암시한다. 다시 말해, 자유와 공리의 가치가 충돌하고 있고 『공리주의』가 시기적으로 뒤에 나온 책이기 때문에, 밀의 사상체계에서는 자유가 공리에게 밀리는 것이 아닌가 하는 인상을 준다.

　이러한 충돌 때문에 여러 학자들이 "자유에 관한 밀의 논리가 타당하지 못하다, 앞뒤로 모순된다, 일관성이 없다"라고 지적한다. 비록 밀이 두 가치의 상호 관계를 명확하게 정리해 놓지는 않았으나, 만약 밀에게 둘 중 하나를 선택하라고 물어본다면, 우리는 그가 자유를 선택했을 것이라고 생각한다. 그는 『공리주의』 2장에서 이런 유명한 말을 했다. "만족한 돼지보다는 불만족한 인간이 되는 것이 더 낫다. 만족하는 바보보다는 불만족한 소크라테스가 되는 것이 더 낫다." 이 문장에서 우리는 "행복하지만(목숨을 건졌지만) 부자유한(자유롭게 자신의 생각을 말하지 못하는) 소크라테스"를 연상하기가 어렵다. 소크라테스가 누구인가? 아테네 당국이 궤변으로 젊은이와 선량한 시민을 혹세무민하지 말라고 경고하자, 『소크라테스의 변명』에서 이렇게 말한 사람이다. "신은 나를 이 도시의 등에(날파리)로 지목했습니다. 그 거대한 크기 때문에 게을러져서 잘 움직이지 않으려 하는 말 같은 이 도시를 끊임없이 찔러대어 깨어 있게 하려는 등에 말입니다. 나는 하루 종일 쉬지 않고 돌아다니며 자유롭게 잠에 빠진 아테네 시민을 깨우는 경고의 말을 했습니다." 그리하여 소크라테스는 언론의 자유를 빼앗기느니 차라리 죽는 것이 낫다며 죽음을 선택했다.

　그렇다면 우리는 『자유론』과 『공리주의』의 상충을 어떻게 해석해야 할까? 여기에 대하여 영국 사상가 이사야 벌린(Isaiah Berlin)은 그런 충돌로 인해 밀의 사상이 더욱 흥미롭게 되었고 오늘날에도 여전히 살아 있는 화두가 되었다고 말했다.

　"인간성에 대한 밀의 견해는 어떤 동일한 패턴의 반복에 의존하지 않았다. 그는 인간의 삶이 영원히 불완전하고, 자기 혁신을 하고, 지속적으로 변모해 나간다고 보았다. 그렇기 때문에 그의 글들은 오늘날에도 생생하게 살아 있고 우리 시대의 문제들에 대해서도 지속적으로 적용 가능한 것이다. 그는 인간의 문제들을 최종적으로 해결하기 위한 이상적 조건들을 예언하지도 않았고, 어떤 핵심적 문제들에 대하여 보편적 동의를 얻어내려고 하지도 않았다. 그는 최종적 해결(가령 자유와 공리의 상충에 대한 해결)이 불가능하다고 보았고 또 바람직한 것이라고 생각하지도 않았다. 그는 그런 최종적 해결을 논증하지도 않았다."(벌린의 논문, "존 스튜어트 밀과 인생의 목적"[1959] 제2장).

이어서 벌린은 밀이 인간성을 파악해들어가는 방식은 공리주의적인 관점에 그치는 것이 아니라 콜리지를 통해서 알게 된 독일 관념론, 더 나아가 칸트의 도덕 사상, 그리고 멀게는 플라톤과 아리스토텔레스의 행복 사상도 수용하려고 애쓴, 포괄적이면서도 신축적인 사상 체계를 갖추었다고 말한다. 그런 가변적이고, 포괄적이며, 비결정적이고, 신축 유연한 태도가 밀 철학의 장점이며 오늘날까지도 살아남은 배경이라고 말하면서 이런 결론을 내린다.

"그는 성인이 된 후에 아버지 제임스 밀의 교육에 과감히 반기를 들었다. 그는 콜리지와 낭만주의자들의 가치를 과감히 수용했다. 이러한 것들은 그를 사상적 자유인으로 만들었다. 그리하여 그는 독특한 절충적 사상 체계를 가진 실용 사상가가 되었다. 이런 이유로 밀은 오늘날에도 여전히 우리에게 유익한 사상가로 남아 있다. 반면에 그의 동시대 철학자들인 허버트 스펜서, 오귀스트 콩트, 토머스 칼라일, 존 러스킨 등은 어떻게 되었는가? 이런 사상가들은 과거의 그늘 속으로 서서히 후퇴하여 빨려들어가고 있는 중이다."(벌린, 같은 논문 제4장)

작품 해설

이종인

『공리주의』를 처음 읽는 독자들은 문장이 너무 어렵다는 말을 많이 한다. 그래서 어려운 내용을 쉽게 풀이하기 위하여 대화 형식을 취하면서 구체적 사례를 많이 제시하는 해설을 마련해보았다. 이 대화에 편의상 갑과 을 두 사람을 등장시켰다. 갑은 평범한 교양인으로 이 책을 한 번 읽고서 여러 가지 의문을 갖고 있는 사람이고, 을은 이 책을 여러 번 읽었고 밀에 대한 연구서와 평론서를 두루 섭렵한 문학 평론가이다. 그래서 대화는 갑이 주로 질문을 하고 을이 답변을 하는 형태로 진행되며, 갑은 을을 선생님이라고 부르고, 을은 갑을 독자님이라고 존칭한다.

갑 선생님, 우선 이 책에는 잘 읽히지 않는 부분이 많았습니다. 밀은 왜 이렇게 어렵게 글을 쓴 것일까요?

을 밀이 활동한 시기는 19세기 전반기인데 이 시대의 영국 지성인들은 대체로 옥스브리지(옥스퍼드와 케임브리지 대학) 출신으로서 그리스어와 라틴어에 정통했습니다. 그래서 19세기 영국 문인들이 쓴 글에는 그리스어와 라틴어가 심심찮게 튀어나옵니다. 특히 라틴어가 많이 나오지요. 밀은 특이하게도 그래머 스쿨이나 대학은 아예 가지 않고 집에서 아버지에게 가정교육을 받았습니다. 그렇지만 배운 것은 두 대학에서 가르친 것과 별반 다를 바 없었습니다. 밀은 이 책에서 라틴어 문장을 인용하지는 않았지만, 라틴어식 수사법을 그대로 활용하고 있습니다. 고대 로마의 수사법은 라틴어 명사의 격변화와 동사변화를 교묘하게 활용하면서 글 쓰는 사람이 언어 다루는 능력을 과시하도록 권장합니다. 또 그 글쓰기는 웅변이나 논변이 주종이었으므로, 그 글을 읽는 사람의 반박을 미리 예상하면서 양보 구문이나 우회 구문을 많이 집어넣는 것이 특징입니다. 그래서 자연히 문장이 길고 복잡해져서 읽기가 어려운 것입니다. 특히 밀의 문장에는 it, they, these, those, each 같은 대명사, that와 unless 같은 접속사, otherwise 같은 부사가 많이 나오는데, 길고 복잡한 문장 속에서 이런 품사들이 느닷없이 튀어나와 구체적으로 어떤 사람이나 사물 혹은 내용을 가리키는지 금방 파악이 안 되는 겁니다.

갑 수사법은 그렇다 치고 내용도 잘 모르겠는 부분이 나오는데요.

을 독자님, 한국어 번역문을 읽는 경우는 그래도 나은 편이라고 보아야 합니다. 적어도 방금 말한 접속사나 대명사의 문제는 없잖아요. 밀의 문장은 영어를 수십 년 공부한 한국인도 한 번 읽어서는 제대로 알 수가 없는 복잡한 문장입니다. 그래서 소설이나 에세이를 읽듯이 『공리주의』 번역본을 읽으면 안 되고 적어도 세 번은 읽어야 합니다. 다행히 100페이지 정도의 짧은 책이므로 충분히 그렇게 할 수 있다고 생각합니다. 보다 자세한 내용은 독자님과 저의 대화로 차차 해명이 되리라 생각합니다.

갑 우선 공리주의라는 책 제목부터 문의해보겠습니다. 저는 이것이 공공이익을 가리키는 공리(公利)인 줄 알았는데, 그게 아니고 공리(功利)라는 한자를 사용하더군요. 국어사전을 찾아보니 이 공리에는 두 가지 뜻풀이가 있습니다. 하나는 어떤 행위에 의해 얻어지는 공명과 이익이고, 다른 하나는 (철학에서) 다른 목적을 실현하는 데 도움이 되는 것으로 나옵니다. 공리는 이 중 어떤 것인지요?

을 사실 공리라는 말은 그런 오해를 불러일으킬 수 있기 때문에 저도 사용하기가 꺼려집니다. 그러나 J.S.밀의 『공리주의』라는 말은 너무나 널리 알려져서 이미 굳어져버렸기 때문에, 다들 그렇게 사용하고 있습니다. 공리에 해당하는 원어는 'utility'인데 효용이라는 뜻입니다. 사실 경제적 함의가 강한 말로서 뭔가 소득을 가져다주는 것이지요. 가령 우리가 경제학 개론 시간에 배웠던 "한계효용 체감의 법칙"에서 보듯이 어떤 목적을 달성하는 데 필요한 "약발"이라는 뜻입니다. 위의 사전적 뜻풀이를 적용하면 행복이라는 목적을 얻기 위해 도움이 되는 것이라는 뜻이지요. 밀의 주장에 따르면 공리를 통하여 행복으로 가기 때문에, 저는 공리주의를 행복주의로, 공리를 행복으로 읽어도 무방하다고 생각합니다.

갑 선생님, 이 책의 제일 첫 부분에 소크라테스는 공리주의자라는 말이 나오는데 잘 이해가 되지 않았습니다. 밀과 소크라테스는 무려 2,200년이라는 세월의 간격이 있는데 소크라테스가 밀과 똑같은 생각을 했다니요. 여기에 대해서 어떻게 생각하시는지요?

서양철학의 4대 윤리사상가

을 소크라테스 이야기를 하기 전에 서양철학에서 4대 윤리사상가로 일컬어지는 플라톤, 아리스토텔레스, 칸트, 밀 중 앞의 두 사람에 대하여 간단히 이야기하겠습니다. 플라톤은 방금 독자님이 질문한 소크라테스와도 관련이 됩니다. 플라톤의 행복론은 대화 형식으로 되어 있는 『국가』라는 책에 상세히 설명되어 있습니다. 그는 일관되게 정의에 대해서 말하는데 사실 이 정의는 도덕이라고 해도 무방합니다. 플라톤은 정의로운 사회는 수호자, 보조자, 경제적 계급 등 3계급으로 형성되어 이 3계급 사이에 조화를 이루는 사회라고 말합니다. 그리고 이 3계급은 다시 인간 본성의 세 기능, 즉 이성, 영혼, 욕망과 상응합니다. 사회가 3계급의 조화를 이루면 정의로운 사회를 구현하듯이 개인도 이 세 기능이 조화를 이루면 행복한 사람이라는 것입니다.

플라톤의 이성, 영혼, 욕망은 그보다 2,200년 뒤의 사람인 프로이트의 이드(욕망), 에고(이성), 수퍼에고(영혼)와 대응합니다. 그러나 윤리의 문제가 반드시 정신 건강과 완벽하게 일치한다고 보기는 어렵습니다. 정신적으로 약간 문제가 있어도 일상생활을 영위하는 데에는 별 문제가 없으니까요. 그렇지만 불의와 정신이상은 강박증과 충동 증세와 비슷한 점이 많아요. 아무튼 대부분의 인간은 정신적으로 완벽하게 아픈 것은 아닌, 그렇다고 완벽하게 건강한 것도 아닌 중간쯤 어디에 존재하고 있는 겁니다. 이 때문에 도덕의 문제는 더욱 중요하게 되지요.

아무튼 플라톤은 인간이 행복한 사람이 되기 위해서는 정의와 선량함과 아름다움을 갖추어야 하는데, 이런 것의 원형(이데아)이 지상의 구체적인 정의로운 것, 선량한 것, 아름다운 것으로부터 완전히 뚝 떨어져서 별개로 존재한다고 가르쳤습니다. 그러니까 쉽게 말하면 지상의 세계와 천상의 세계가 따로 존재한다고 본 거지요. 그래서 기독교의 로고스는 이 플라톤 사상에 큰 빚을 지고 있습니다. 하지만 우리 보통 사람은 이데아든 로고스든 눈에 보이지 않으니까 그것을 반신반의하게 되는 거지요.

그런데 마치 이런 일반인의 고민을 해결이라도 해주려는 듯이 플라톤의 제자 아리스토텔레스가 등장했습니다. 그는 형상(이데아)과 질료(구체적인 것)의 개념을 내세워서 『니코마코스 윤리학』 제1권 6장에서 플라톤의 이데아 사상을 거부했습니다. 인간이 지상에서 살아가는 동안에 구체적인 밤나무, 물푸레나무, 너도밤나무를 알면 됐지, 나무의 이데아(원형)는 뭔지 몰라도 상관없다는 것입니다. 그는 우리의 도덕적 행동을 인도하는 것은 구체적 지식이지 그런 원형이 아니라고 말합니다. 그러면서 유다이모니아(행복)에 이르는 세 단계를 말합니다. 그 단계는 이러합니다.

첫째, 인간 행위의 궁극적 목적은 행복이다.

둘째, 행복은 이성에 따라 행동하는 것이다.

셋째, 이성에 따른 행동은 모든 전통적 가치의 핵심적 특징이다.

그러면서 아리스토텔레스는, 인간이 사회적 동물이기 때문에 인간들 사이에서 뭔가 행동을 하면서 살아가야 하고, 그 행동은 행복을 추구하는 쪽으로 맞추어져야 한다고 말했습니다.

독자님, 간단히 이야기한다고 하고서 상당히 길어졌는데, 이렇게 철학자들에 대해 미리 말해두는 이유는 칸트든 밀이든 결국 서양 윤리학은 플라톤과 아리스토텔레스의 변주에 지나지 않기 때문에 그렇습니다. 다시 말해서, 우뚝 솟은 산(도덕 혹은 행복)은 하나인데 플라톤, 아리스토텔레스, 칸트, 밀이 그것을 쳐다보는 방향만 약간씩 다른 것입니다.

갑 잘 알겠습니다. 그런데 아까 소크라테스가 공리주의자인가 하는 질문에서 이야기가 끊겼는데요.

을 플라톤의 『프로타고라스』에서 소크라테스가 이른바 소피스트들의 통속적인 도덕에 맞서서, "쾌락은 본질적으로 좋고 고통은 본질적으로 나쁘다"라고 주장하는 장면이 나옵니다. 아마도 밀은 여기서 힌트를 얻어 그렇게 말한 것 같습니다. 물론 소크라테스는 밀이 주장하는 것과 똑같은 공리주의자는 아닙니다. 텍스트에서 "이것은 플라톤의 대화가 실제 소크라테스의 대화를 그대로 옮겨놓은 것이라고 가정한 것이다"라는 말이 나오는데, 이것은 밀이 소크라테스가 실은 플라톤의 대변인이라고 보고 있다는 뜻이지요. 아무튼 플라톤은 인간이 선한 행동을 해야 행복을 얻을 수 있다고 주장한 점에서는 밀의 주장과 동일합니다. 그러나 행복의 이데아(원형)가 있다고 말한 플라톤의 주장에 밀이 동의하겠는지는 의문입니다.

춘향이 숲에서 만난 사람

갑 행복에 대해서는, 밀의 스승이 되는 벤담의 "최대 다수의 최대 행복"이 생각납니다. 고등학교 사회탐구 시간에 이 내용을 배웠던 것 같습니다. 저는 이것이 참으로 멋진 말이라고 생각합니다.

을 저도 고등학교 때 그 명제를 배운 게 생각이 납니다. 그때는 사회탐구라고 하지 않고 일반사회라는 과목으로 가르쳤지요. 그런데 그 명제에 대하여 여러 가지 구체적 반론이 있을 수 있습니다. 가령 이런 것입니다.

사례 1 춘향은 숲을 산책하다가 다섯 명의 사람을 죽이려는 어떤 사내를 우연히 만나게 된다. 그 사내는 춘향이 직접 그 다섯 중 한 사람을 죽이면 나머지 네 사람을 풀어주겠다고 말한다. 춘향이 보기에 그 사내는 진심으로 그렇게 말하는 것 같았다. 이럴 때 춘향은 어떻게 해야 할까?

사례 2 어느 종합병원 306호실의 환자는 뇌가 약해서 서서히 죽어가고 있다. 그런데 그 옆 305호 병실에 있는 네 명의 환자는 그 뇌가 약한 환자에게서 장기를 하나씩 기증받으면 앞으로 건강하게 오래 살 수 있다. 이럴 때 그 환자에게서 장기를 떼어내어 네 환자를 살리는 게 최대 다수의 최대 행복일까?

사례 3 당신은 외동딸을 공원에 데려가서 함께 놀아주겠다고 약속을 했다. 그런데 바로 옆집에는 아이가 넷이 있다. 그래서 당신이 딸과의 약속을 지키지 않고 대신 그 네 명을 공원으로 데려간다면, 비록 당신 딸은 슬프겠지만 이웃의 네 아이는 행복할 것이다.

사례 4　당신은 지갑 속에 5만원 권 두 장이 들어 있고 은행 계좌에는 그보다 약간 더 많은 돈이 들어 있다. 당신은 그 돈으로 아내와 함께 외출하여 외식을 할 수도 있고, 아니면 그 돈을 아프리카 난민 구호 기금으로 내놓을 수도 있다. 만약 구호 기금으로 그 돈을 내놓으면 많은 사람을 배고픔으로부터 구제할 수 있다. 범위를 더 확대하면, 당신은 은행 계좌에 들어 있는 여유분의 돈을 당신의 개인 계획을 위해 사용할 수도 있고 그 돈을 쾌척하여 많은 사람들을 도와줄 수 있다.

이런 네 가지 이론적 사례가 우리의 일상생활 중에 실제로 발생한다면 참으로 난감할 것입니다. 최대 다수의 최대 행복과는 다른 행동을 해야 할지 모르니까요. 다시 말해 개인적 행복과 당면한 상황 사이에서 갈등을 느끼게 되는 겁니다. 여기서 문득 로버트 프로스트의 명시 〈눈 내리는 밤 숲가에 서서〉가 생각나는군요. 시인이 말을 타고 길을 가는데 어느덧 밤이 되어 잠시 숲가에 걸음을 멈추었습니다. 그런데 그 숲속의 은밀한 소리들은 시인에게 그 안으로 들어오라고 속삭입니다. 여기서 길은 인생의 길이고, 어두운 숲은 인간 세상의 욕망이 판치는 아수라장이고, 그 안으로 들어오라는 것은 욕망에 굴복하라는 뜻이지요. 그런데 마침 시인의 주위에는 그 밤을 밝히는 하얀 눈이 내리고 있습니다. 어둠은 욕망 즉 행복에의 유혹이고, 하얀 눈은 인간이 나아가야 할 길을 비추는 전등 같은 것이지요. 이 때문에 마지막 행, "내게는 아직 잠들기 전 가야 할 몇 마일이 남아 있다"는 우리에게 깊은 감동을 줍니다. 독자님, 여기서 우리는 이런 의문을 갖게 됩니다. J.S.밀은 행복의 추구를, 칸트는 의무의 완성을 가리키는 이정표라고 볼 때, 이 "가야 할 몇 마일"은 밀의 길일까요 아니면 칸트의 길일까요?

갑　그 상황에서는 칸트의 길일 거라는 생각이 드는데요.

을　로버트 프로스트는 그렇다 치고, 독자님의 개인적 생각은 어떻습니까? 인생의 목적은 행복의 추구입니까 아니면 의무의 완성입니까?

갑　다른 조건이 똑같다면 다들 행복의 추구라고 대답할 것으로 생각합니다만….

을　다른 조건은 어떤 것을 말하는 것인지요?

갑　사람마다 자신이 처한 상황이 다르기 때문에 똑같이 일률적으로 대답하기는 어렵다는 뜻이지요. 평범한 집안에 별 문제 없이 커서 평범하게 가정을 이룬 사람이라면 당연히 처자식 거느리고 살면서 인생의 목적은 행복의 추구라고 대답하겠지요. 그러나 가령 제가 5남 4녀 집안의 장남인데 아버지는 일찍 돌아가시고 홀어머니 모시고 집안을 이끌어야 한다면 동생들을 생각하여 행복의 추구보다는 의무의 완성이라고 대답하지 않을까 싶습니다. 제 주위에도 장녀로 태어나 동생들 다 교육시키고 결혼시키는 동안 정작 자기 자신은 노처녀로 늙어 환갑이 넘어버린 여성이 있습니다.

을　그렇지요. 하지만 밀의 『공리주의』는 의무보다 행복을 더 강조합니다. 물론 밀이 의무를 행복의 한 부분으로 포함시키는 뉘앙스를 풍기기는 하지만 말입니다.

갑　그렇다면 밀은 왜 그렇게 행복을 강조하는 것일까요?

을　행복은 앞으로도 계속 나오는 이야기이니까 이쯤 하기로 하고, 혹시 독자님은 텍스트에 대해서 다른 질문은 없으신지요?

정언명령은 지하철 속의 사건

갑 이 책의 서두에서 나오는 칸트의 정언명령이 무슨 뜻인지 좀 더 구체적인 사례를 들어가며 설명해주실 수 있는지요?

을 미국 컬럼비아 대학의 철학교수로 평생을 독신으로 지냈던 모겐베서는 어느 늦은 오전 학교에 가기 위해 뉴욕 지하철을 탔습니다. 마침 차량 안에 아무도 없었기에 애연가인 그는 누구에게도 방해가 되지 않으니 담배를 피워도 상관없겠지 하는 마음에 담배를 피우기 시작했습니다. 그러자 지하철 경관이 그에게 다가와 담배를 피우면 안 된다고 말했습니다. 교수가 약간 호소하는 표정을 지으며, 아무도 없는데 좀 피우면 안 되겠느냐고 묻자, 경관은, 누구나 다 당신처럼 생각하면 지하철은 어떻게 되겠느냐고 반문했습니다. 그 순간 이 철학교수는 정언명령이 생각나서 경관에게 이렇게 말했습니다. "그렇게 말하는 당신은 칸트요?"

정언명령을 추상적으로 설명하지 않아도 이 지하철 사례만 생각하면 금방 그 뜻이 통합니다. 어디 담배 피우는 것만 그렇겠습니까? 거짓말, 사기, 강탈, 절도, 약속 위반, 상대방 기분 나쁘게 말하기, 노상방뇨, 길에서 침 뱉기, 이런 행위가 모두 정언명령에 의하면 해서는 안 되는 행위입니다. 그런데 실제는 그렇지 않지요. 제가 몇 가지 실제 사례를 들어보겠습니다.

사례 1 어떤 남자가 당신의 집에 찾아와서 초인종을 누른다. 그는 당신의 여동생이 어디에 있는지 알고 싶어 한다. 그런데 당신은 그 남자가 실은 여동생을 살해할 의도를 가지고 호주머니에 권총을 숨긴 채 찾아왔다는 것을 알고 있다. 당신은 진실을 말하겠는가?

사례 2 당신의 친척이 아무 예고도 없이 갑자기 금요일 저녁에 자기 집으로 식사하러 오라고 한다. 그의 집은 수도권 외곽에 있어서 차로 두 시간 걸리는 거리에 있다. 친척에 대한 예의를 생각하면 가주는 것이 좋겠으나 그 거리가 너무 멀다. 당신은 가겠는가?

사례 3 당신은 남동생과 영화를 같이 보기로 했다. 그래서 그 약속을 지키기 위해 동생과 영화관에 가던 길에, 친구로부터 전화를 받았다. 갑자기 깊은 고민에 빠져서 상담할 사람이 필요하다는 것인데 그 목소리가 너무나 간절했다. 이럴 때 당신은 남동생과의 약속을 반드시 지켜야 한다고 고집할 것인가?

사례 4 미국의 경제학자 헨리 조지는 젊은 시절 인쇄공으로 근무하다가 일이 떨어지면 실업자가 되어 일자리를 전전하는 극도로 가난한 생활을 했다. 1865년 1월 27일에 둘째 아들 리처드 조지가 출생했는데 그는 이 시절에 대하여 16년 후에 이런 회상을 남겼다. "나는 거리를 정처 없이 걸어내려 가면서 돈이 있어 보이는 사람에게서 돈을 얻어내기로 결심했다. 나는 일면식도 없는 한 남자를 불러세우고 그에게 5달러가 지금 당장 필요하다고 말했다. 그는 내게 어디에다 쓰려고 하느냐고 물었다. 나는 아내가 해산했는데 아내에게 음식을 사 먹일 돈이 전혀 없다고 말했다. 만약 그가 주지 않았더라면 당시 나는 너무 절망적인 상태에 빠져 있어서 그를 죽일 수도 있었을 거라는 생각이 든다." 그 남자가 돈을 주지 않는다면 헨리 조지는 어떻게 해야 할 것인가?

이런 사례들을 우리가 직접 만났더라면 참으로 난감할 것입니다. 정언명령을 철저히 이행하기가 어려운 상황이니까요.

갑 그래서 이 책의 서두에서 밀이 "칸트는 이 원리로부터 도덕의 실제 의무사항들을 추출하면서 인간들이 그런 보편 법칙을 실천하는 데 있어서 모순사항이 발생하고, 또 그 법칙의 실천이 논리적으로나 실제적으로나 불가능하다는 것을, 거의 기괴할 정도로 보여주지 않는다"라고 말한 것입니까?

을 그렇습니다. 거짓말의 사례를 한번 들어봅시다. 과연 평생을 거짓말하지 않고 살아갈 수 있을까요? 지하철 속의 모겐베서 교수처럼, 나 하나쯤 이렇게 해도 괜찮겠지 하고 생각하며 거짓말하는 사람이 훨씬 더 많지, 절대로 어떤 상황에서도 거짓말해서는 안 된다고 생각하는 사람은 드물 것입니다. 거짓말의 반대는 정직인데 "정직이 최선의 방책이다" 라는 격언이 있습니다. 그런데 이 격언이 왜 나왔다고 생각하십니까? 이 격언은 뒤집어 말하면 사람들이 평소 정직하게 살기가 어렵다는 뜻입니다.

그래서 정언명령은 우리 보통 사람으로서는 지키기 어려운 주문이라는 생각이 듭니다. 칸트는 정언명령이 예수의 황금률과 같은 것이라고 말했습니다("남이 너희에게 해주기를 바라는 그대로 너희도 남에게 해주어라": 마태복음 7장 12절). 그러나 정언명령은 같은 마태복음 19장 21절에 나오는 완전함의 조언(counsel of perfection)과 비슷하다는 생각이 듭니다. 한 젊은이가 영원한 생명을 얻으려면 어떻게 해야 되느냐고 묻습니다. 그러자 예수님이 말합니다. "네가 완전한 사람이 되려거든 가서 너의 재산을 팔아 가난한 이들에게 주어라. 그리고 와서 나를 따라라." 그러나 젊은이는 그 말씀을 듣고 슬퍼하며 떠나갔는데 많은 재산을 갖고 있었기 때문입니다. 밀은 이런 사정을 참작해 정언명령의 실천이 논리적으로나 실제적으로나 불가능하다고 지적합니다. 그래서 그는 공리주의 철학을 대안으로 제시한 것입니다.

갑 선생님, 정언명령에 대비되는 것으로 가언명령이 있다는 것을 압니다.

을 가언명령은 어떤 사람이 어떤 목적을 달성하고자 하는 어떤 특별한 상황에서만 의무를 부과하는 명령을 뜻합니다. 따라서 그런 목적이나 상황이 없다면 의무가 되지 않는 것입니다. 당연히 가언명령은 목적 달성을 위한 행위가 행위자의 의도와 결부될 때 힘을 발휘합니다. 가언명령의 구체적 사례는 이러합니다. 교통 범칙금 딱지를 받기 원치 않으면 빨간 신호등이 켜져 있을 때 네거리에서 차를 몰고 횡단하지 마라. 이에 비해 정언명령은 행위의 목적과는 상관없이 행위 자체가 바로 의무를 부과하는 것입니다. 이렇게 볼 때 칸트의 도덕철학은 극단적 형식주의입니다. 소위 말하는 정상참작이라는 게 없으니까요.

갑 저는 형식이라고 하면 형식적인 것 즉 건성으로 대충 해버리는 것을 연상하게 됩니다.

을 여기서 말하는 형식은 정언명령의 형식을 말합니다. 즉 경험적 내용은 없으나 언제 어디서든 어떤 내용에도 적용시킬 수 있는 형식을 가리키지요. 가령 사람은 이성에 따라 행동해야 한다, 모순을 내포하는 것은 무엇이나 불합리하다, 같은 명제는 구체적 내용이 없는 형식인 거지요.

이러한 칸트 윤리 사상의 극단적 형식주의 덕분에 정언명령은 모든 도덕률의 원칙이 됩니다. 동시에 정언명령은 인간의 의지의 자율성이 왜 중요한가를 되돌아보게 합니다. 자율적인 의지는 그것 자체에 지고한 법칙을 가지고 있다는 것이지요. 반면에 타율적인 의지는 의지 밖의 원칙, 즉 신, 행복 또는 다른 어떤 것에서 법칙을 받아들이려는 것입니다. 자아 밖에 있는 어떤 대상에 의해 지배를 받는 것, 즉 자신의 의지나 이성으로부터 나오는 의무를 벗어나서 행동하는 것은 칸트가 보기에 인간의 타락이요 자유의 상실이었습니다. 한마디로 칸트의 도덕은 의무론입니다. 쉽게 말하면 "너는 …하지 않으면 안 된다"입니다. 이에 비해 밀이 주장하는 공리주의는 결과론이라고 합니다. 어떤 행위의 결과가 행복에 기여했는가 아닌가 등에 따라 그 행위의 선과 악이 결정된다는 것이지요.

평생의 교양으로도 다스려지지 않는 충동

갑 밀은 2장에서 쾌락을 고상한 쾌락과 저급한 쾌락으로 나누고서 이 둘을 동시에 맛본 사람은 그 후부터는 결코 의식적으로 저급한 쾌락을 선택하지 않을 것이라고 말합니다. 그런데 저는 이런 주장에 대하여 의문을 가지고 있습니다. 가령 저를 국가 공무원이라고 가정해보겠습니다. 저는 청렴결백함에서 오는 쾌락도 알고, 뇌물(물론 건네주는 사람은 감사의 표시라고 하겠지만)을 받아먹는 쾌락도 압니다. 밀의 말대로라면 우리나라에는 뇌물을 받는 공무원이 한 명도 없어야 하지 않겠습니까? 또 저를 돈 많은 사업가라고 가정해보겠습니다. 저는 아내에게 충실한 남편 노릇을 하는 데서 오는 쾌락도 알고 아내 몰래 바람(물론 당사자는 사랑하기 때문이라고 하겠지만)을 피우는 데서 오는 쾌락도 압니다. 그런데 신문 사회면을 보면 심심찮게 불륜에 의한 이혼 기사가 나오지 않습니까? 이걸 볼 때 밀의 고상/저급 구분은 좀 설득력이 없고 그저 사람에 따라 달라지는 문제라고 해야 하지 않겠습니까?

을 밀이 쾌락의 질적 측면을 강조하고 그것을 고상/저급으로 나누면서 그런 의문사항이 나오게 되었습니다. 이 때문에 밀의 주장은 너무 엘리트주의가 아니냐는 비난도 나옵니다. 쾌락의 질을 강조하다 보니 관념론으로 기울어진 거 아니냐는 말도 나오고요. 밀의 스승 벤담은 쾌락이면 쾌락 한 가지이지, 무슨 저급과 고급이 따로 있느냐고 했으므로 이런 문제가 아예 없었습니다. 하지만 세상 사람들이 공리주의가 너무 이기적이다, 자기 행복만 추구한다, 라고 비난하니까 그에 대한 방어를 하다가 밀이 그런 논리를 내세운 것입니다. 제가 보기에 밀은 세상 사람들이라면 누구나 다 가지고 있는 "충동"의 문제는 소홀하게 다룬 것 같습니다.

갑 충동이라고 하셨는데 구체적으로 어떤 것을?

을 T.S.엘리엇의 〈대성당의 살인〉이라는 시극(詩劇)에 보면 "평생에 걸쳐 쌓아온 교양으로도 다스리지 못하는 충동"이라는 표현이 나옵니다. 영국 왕 헨리 2세가 캔터베리 대주교 베케트를 죽이고 싶은 충동을 이런 식으로 표현한 것이지요. 베케트는 왕년에 헨리 2세의 절친한 친구이면서 추종자였는데 막상 대주교에 취임하니까 내가 이제 여생을 하나님에게 충성해야지 한낱 인간에 불과한 왕에게만 충성하다가 인생을 마칠 수 있겠느냐며 왕의 독재 정책에 제동을 걸기 시작한 인물입니다.

갑 선생님, 그렇다면 베케트의 그런 저항하는 태도도 충동이라는 말씀인가요?

을 아닙니다. 저는 지금 베케트를 죽이면 안 되는데도 결국 자객을 보내 그를 대성당 내에서 살해한 헨리 2세의 충동을 말하는 것입니다. 다시 독자님이 말한 그 공무원이나 사업가 이야기로 돌아가서, 그들은 그런 저급한 쾌락에 빠지면 안 된다는 점을 알았을 겁니다. 그런데도 그 사람이 아니면 알 수 없는 어떤 충동 때문에 그렇게 했던 것이지요.

갑 그렇게 충동을 말씀하시니까, 밀과 해리엇 테일러의 플라토닉 러브는 어떻게 보아야 할까요? 그것은 충동이었습니까, 아니면 밀이 말한 고상한 쾌락이었습니까? 또 이것을 칸트가 말한 정언명령의 형식에 대입시키면 어떻게 되는 것입니까? 세상 사람들이 다 밀같이 행동한다면 지구상에 결혼제도가 존속할 수 있겠습니까? 그리고 충동의 측면에서 보아도, 문학과 예술에는 별 조예가 없다고 하는 해리엇의 약종상 남편 존 테일러가 더 잘 그것을 다스린 것처럼 보입니다. 보통 사람 같았으면 아내를 내쫓거나 아니면 밀을 찾아가서 결판을 냈을지도 모릅니다. 하지만 존 테일러는 자신이 스캔들에 휩쓸려들어갈 위험을 다 감수하면서까지 자식과 아내의 명예를 위해 그런 관계를 묵인해주었으니까 말입니다.

을 독자님의 관점에서는 존 테일러가 타고난 덕성을 갖춘 사람이지만, 다른 관점에서 본다면 기가 약한 사람이라고 할 수도 있겠지요. 우리 인간은 자기가 생각하는 것 혹은 남들이 생각하는 것 이상으로 복잡한 존재이니까요. 아무튼 독자님 말씀대로, 밀의 경우 그 관계는 "평생에 걸쳐 쌓아온 교양으로도 다스리지 못하는 충동"이라고 할 수도 있겠지요. 밀의 일생을 살펴보면 해리엇과의 그 사건이 본인으로서는 엄청난 희생을 감수해가면서 이끌어간 관계였으니까요. 저는 그것이 『공리주의』의 한 배경으로 작용한다고 봅니다.

갑 배경으로 작용한다고요? 그런 사건이 어떻게 철학서적의 배경이 된다는 거지요?

을 우리는 보통 이야기라고 하면 소설가나 극작가가 지어낸 이야기를 생각합니다. 그러나 고대 로마의 수사학자들은 이야기를 세 가지로 분류했습니다. 첫째, 실제로 발생한 사건들만 보고하는 이야기로서 그것을 히스토리아(historia)라고 했습니다. 둘째, 실제로 벌어졌는지는 알 수 없으나 발생의 개연성이 높고 히스토리아와 마찬가지로 객관적 사실을 어느 정도 공유하는 줄거리로서 아르구멘툼(argumentum)이라고 했습니다. 가령 철학적 논의가 여기에 해당하는 거지요. 셋째는 객관적 진실성이나 개연성이 없는 것으로서 특히 비극의 무대에서 벌어지는 사건들, 가령 오이디푸스나 프로메테우스 등이 여기에 해당하는데 이를 가리켜 파블라(fabula)라고 했습니다. 그러니까 현대인이 이야기라고 하면 머릿

속에 떠올리는 것은 주로 파블라인데, 실은 철학서적도 얼마든지 이야기가 될 수 있는 거지요.

갑 철학서적도 이야기라고 치고, 그렇다면 『공리주의』가 어떻게 밀의 이야기가 되는 거지요?

을 이 책에서 밀은 행복에 대한 이야기를 줄기차게 말합니다. 그리고 마지막 제5장에 이르러서는 정의의 기준은 곧 행복(공리)이라는 말로 끝맺음을 합니다. 저는 이 책을 여러 번 되풀이해서 읽으면서 밀이 혹시 행복에 대하여 한을 품은 사람이 아닐까 하는 생각을 했습니다. 가령 제2장에 나오는 다음과 같은 문장을 한번 보십시오.

"만약 그들(지성인)이 혹시라도 (지성인 역할을) 포기할 생각을 한다면, 그것은 아주 극단적인 불행 때문일 것이다. 그들은 그 불행을 너무나 벗어나고 싶어서 그들의 운명을 다른 것과 맞바꾸려고 하는 것일 게다. 설사 그것이 그들의 눈에는 바람직하지 않더라도 말이다."

저는 이 문장을 읽으면서 밀은 여기서 자기 이야기를 하는 게 아닐까 하는 생각이 들었습니다. 행복이란 건 참으로 묘한 것이지요. 정말로 즐거운 사람은 시계를 쳐다보지 않듯이, 정말로 행복한 사람은 자기가 행복한지 어쩐지 물어보지 않습니다. 그런데 『공리주의』를 기술하는 밀은 자신이 정말로 행복한 사람인지, 어떻게 하면 행복해질 수 있는지, 그 행복은 과연 성취 가능한 것인지, 자꾸만 물어보는 사람 같은 인상을 줍니다. 그런 태도에서 저는 이런 말을 떠올렸어요. "나는 행복하지 못하지만 너는 행복하기를 바란다."

『아라비안 나이트』의 여주인공이며 화자인 셰에라자드는 그녀를 죽이려는 불행한 왕에게 매일 밤 이야기를 들려주면서 그녀의 목숨을 하루하루 연장해 나갑니다. 여기서 우리는 이야기의 본질을 알 수 있습니다. 셰에라자드는 상대방이 행복하기를 바라면서 동시에 자신도 불행한 상태에서 탈출하려고 줄기차게 이야기를 하고 있지요. 이런 점에서 아무리 어려운 상황이라도 그것을 이야기로 풀어내면 극복할 수 있다는 것이 이야기의 대전제입니다. 나는 이런 면에서 밀과 해리엇의 관계가 『공리주의』의 한 배경이 된다고 말씀드린 겁니다.

갑 선생님, 아무리 어려운 상황이라도 그것을 이야기로 풀어내면 극복할 수 있다는 말씀을 좀 더 쉽게 풀이해주실 수 있는지요?

을 이런 가상 인물을 상정해보겠습니다. 이 인물은 고교시절은 물론이고 대학에 가서도 그리고 사회에 진출해서도 계속 불평불만이 많습니다. 가령 그가 어디로 가려고 하면 비가 온다, 가전제품은 툭하면 고장이 나는데 서비스 맨은 안 온다, 택배는 엉뚱한 곳으로 배달되어 힘들게 알아봐야 한다, 어디 가서 물건을 사면 다 가짜요, 미팅에 나가도 파트너를 못 만나고, 아무리 열심히 일을 해도 부장은 나를 알아주지 않고 다른 직원을 편애한다고 투덜거립니다.

이 사람은 뭐가 문제일까요? 그는 자신이 이 세상의 피해자라는 이야기 틀을 짜놓고 거기에 맞춰서 계속 자신의 이야기를 하고 있는 겁니다. 그가 이렇게 자신의 이야기를 말하는 방식을 바꾸지 않는 한, 그의 인생은 계속 그렇게 흘러갈 겁니다. 반면에 그가 이렇게 스토리를 바꾼다고 해봅시다.

"아니야, 문제가 있는 건 나 자신이야. 세상은 가끔 고장이 나기는 하지만 그래도 아주 정밀한 저울이야. 얹은 만큼 무게가 나가고 덜어낸 만큼 빠지게 되어 있어. 불평만 하고 살다니 그런 인생은 너무 시시하잖아? 이제 뭔가 다르게 살아보고 싶어."

만약 이 가상의 인물이 이런 식으로 자신의 인생 스토리를 다시 쓸

수 있다면 그는 "나는 뭐든지 해도 안 돼"라는 식의 피해자 고정관념을
극복할 수 있게 되는 겁니다.

양심과 인간성의 문제

갑　선생님, 밀은 제3장에서 이런 말을 하고 있습니다. "모든 도덕의 궁
극적 제재는 … 우리 마음속에 있는 주관적 느낌이다." 이 말은 주관적
느낌 즉 양심이 외부적 제재보다 더 강력한 구속력이라는 것인데, 저는
오히려 진상은 그 반대가 아닌가 합니다. 즉 외부에서 강요해야 제재가
되는 것이지 그 반대로 인간의 양심만 믿어서는 제재가 안 될 거라고 봅
니다. 선생님 생각은 어떠신지요?

을　그것은 결국 인간성을 어떻게 보느냐에 따라 달라진다고 봅니다.

갑　인간성이요? 성선설이나 성악설을 말씀하시는 겁니까?

을　그렇습니다. 성악설이라면 만인에 대한 만인의 투쟁을 주장한 토
머스 홉스가 바로 그런 경우이지요. 홉스보다는 동양의 장자가 그런 공
격적 성향을 아주 멋지게 설명해놓았습니다. 『장자』 외편 산목(山木) 편
에는 이런 이야기가 나옵니다.

"장주(장자)가 숲에서 활을 들고 노닐다가 날아가는 까치를 보았다. 그
놈을 잡기 위해 쫓아가 살펴보니 매미 한 마리가 시원한 나무 그늘에 앉
아서 자기 몸조차 잊고 있었다. 그리고 사마귀 한 마리가 다시 그 매미
를 잡으려고 노리며 자기 몸을 잊고 있었다. 까치는 그 사마귀를 잡으려
하고, 장주는 그 까치를 잡으려고 하면서 자기 몸을 잊고 있었다. 장주
는 이때 홀연히 깨닫고는 화살을 내던지고 숲을 떠났다."

장자가 바라본 현실은 상대를 죽여야 내가 살 수 있는 성악설이 판치
는 세상이지만, 인간의 선한 성품 때문에 그런 세상이 잘못되었다고 생

각하고 거기를 떠나려고 하는 것이지요.

갑 선생님, 그런데 저는 성선설과 성악설의 문제보다는 과연 양심이 외부적 제재보다 더 큰 힘을 발휘할 수 있는가에 더 관심이 많습니다. 밀은 양심이 더 큰 제재라고 보는 것 같은데….

을 독자님, 밀은 외부적 제재도 필요하다고 말하지 않았습니까? 방금 독자님이 하신 말씀은 인간이 사랑보다는 공포의 제재에 더 잘 반응한다고 보는 것 같은데, 양심을 강조한 밀은 결국 사랑이 이긴다, 라고 말하는 것 같습니다. 밀은 인간이 자신의 이익만을 위해서 살아가는 것이 아니라, 아름답고 고상한 것을 추구하기 때문에 그 과정에서 이해득실로는 설명되지 않는 행동도 충분히 할 수 있다고 믿었습니다. 그래서 3장 끝부분에서 "오로지 자기의 개인적 이익과 관련될 때에만 남들에게 신경을 쓰는 인생 계획을 세우는 사람은 거의 없다"라고 말했습니다.

다시 인간성의 이야기로 돌아가서, 이러한 밀의 인간관은 마키아벨리의 인간관과는 좋은 대조를 이룹니다. 마키아벨리는 인간성에 대해서 이런 생각을 갖고 있었습니다.

인간은 선하지도 악하지도 않은 존재이나 선보다 악으로 기울어지는 경향이 있고 두려움과 사랑 사이에서 왕복하는 존재이지만 두려움 쪽으로 더 쏠린다. 인간의 물욕과 권력욕은 명예욕보다 강해서 조금만 이득이 되는 일이 있으면 곧 그곳으로 몰려간다. 그래서 은혜를 보은하기보다는 배반하기가 더 쉽다. 은혜를 갚는 일은 굉장한 물질적 부담이지만 은혜를 망각해버리거나, 더 나아가 원수로 갚는 소행은 자기의 재물이 축나지 않으니 편하기도 하고 득도 된다. 사람은 3천 년 전이나 지금이나 똑같은 욕망과 충동에 휘둘리는 존재이며, 이러한 인간성은 앞으로도 변하지 않는다.

그러면서 마키아벨리는 인간을 행동하게 만드는 또 다른 요인으로 "권태"를 들었습니다. 위에서 "충동"에 대해서 말씀드렸는데, 이 권태도 상당히 귀 기울여 들어볼 만한 이야기입니다.

사람은 어려운 조건에서는 고민을 하지만 좋은 조건에서는 권태를 느끼고 이 때문에 뭔가 행동에 나서게 된다. 그런 충동적 행동은 욕망에 의해 더욱 부채질된다. 욕망이란 참으로 묘한 것이어서 사람의 가슴속에 강력한 충동을 일으키고 그가 아무리 높은 지위에 올라도 잘 충족이 되지 않는다. 늘 어딘지 모르게 2퍼센트 부족한 것이다. 그 원인은 자연이 사람으로 하여금 무한한 욕망을 가질 수 있게 해놓고, 그 욕망을 통쾌하게 충족시키지 못하도록 해놓았기 때문이다. 그래서 욕망은 언제나 성취 능력을 넘어서서 내달리고, 이 때문에 현재 가지고 있는 것에 불만을 품게 된다. 바로 여기서 행동의 변화가 발생한다. 어떤 자는 더 많은 것을 가지려고 하다가, 또 어떤 자는 이미 많이 가지고 있는데도 남의 것을 빼앗아 완전수를 갖추려다가(99를 가지고 있는데 1을 빼앗아 100을 채우려다가), 또 어떤 자는 이미 가진 것을 빼앗기지나 않을까 두려워하다가 충동적인 행위에 나서게 된다.

여기서 욕망과 권태의 관계는 흥미롭습니다. 밀은 욕망을 행복의 존재증명이라고 했는데 마키아벨리는 엉뚱하게도 그 욕망이라는 것이 인간의 권태에서도 나온다고 했으니까요.

수단과 목적의 구분

갑　공리주의는 한마디로 말하면 행복의 철학이다, 라는 밀의 주장은 잘 알겠습니다. 행복은 누구나 추구하는 것이므로 이러한 주장은 금방 납득이 되었습니다. 그런데 저는 행복과 미덕을 구분하여 미덕은 행복의 한 부분이라고 한 밀의 설명이 잘 이해가 되지 않았습니다. 결국 이 두 가지는 같은 것이 아닙니까? 미덕을 갖추어야 행복해질 수 있는 거 아닐까요?

을　정말로 그렇게 생각하십니까? 우리 주위에는 "행복하지 않더라도 (미덕을 갖추지 못하더라도) 돈이 좀 많았으면 좋겠다", "내가 행복하지 않더라도(미덕을 갖추지 못하더라도) 내 자식은 잘 되었으면 좋겠다", "내가 불행해지는 일이 있더라도(내가 덕이 없는 사람이라고 비난을 받더라도) 권력을 잡고 싶다", 이렇게 말하는 사람들이 많지 않습니까?

갑　그러니까 일반 사람들은 행복과 미덕을 다르게 본다는 이야기로군요. 그렇다면 『공리주의』에서 밀은 행복과 미덕을 어떻게 구분하고 있습니까?

을　밀은 미덕을 행복의 한 부분이라고 말할 뿐, 행복 그 자체라고는 하지 않습니다. 이 전체와 부분의 문제는 밀의 논리가 자주 지적받는 부분이기도 합니다. 밀은 쾌락, 행복, 고통의 회피 이외의 것은 욕망할 만한(desirable, 바람직한) 사안이 안 된다고 말했습니다. 그런 다음 '욕망할 만한'(desirable)을 '욕망의 대상'(desired)과 동일시했습니다. 이것은 맞지 않는 말이지요. 가령 저는 고속도로에서 제 차를 가지고 시속 220킬로로 달리기를 욕망할 수 있습니다. 그런데 밀의 논리대로라면 속도위반이 욕망의 대상과 동일한 것이 되어 바람직한 행위가 됩니다. 밀은 앞에서는 이렇게 욕망할 만한 것이 욕망의 대상이라고 말했다가 뒤로 가면 미덕, 돈, 건강 등도 욕망의 대상이라고 말합니다. 이렇게 하여 밀은 자신이 먼저 말한 것(쾌락, 행복, 고통의 회피 이외의 것은 욕망할 만한 것이 아니다)을 뒤집거나, 아니면 미덕이나 금전이 행복의 일부라고 한 자신의 말이 오류임을 내보이고 있습니다. 수단과 목적을 뚜렷이 구분해야 한다는 자신의 말을 스스로 뒤집고 있지요.

갑 저는 그런 수단과 목적의 혼동보다는 금전, 명예, 권력이 원래는 도구적인 것이었으나 그 도구를 통하여 행복을 얻게 되므로 종내는 행복의 한 부분이 된다는 이야기가 좀 납득하기 어려웠습니다. 금전, 명예, 권력은 그 자체로 행복이 되는 거 아닌가요? 사업가가 돈을 많이 벌면 행복하고, 운동선수가 올림픽에서 금메달을 따면 행복하고, 정치가가 국회의원에 당선되면 행복한 게 아닌가요?

을 그게 보통 사람들의 행복관이지요. 우리가 행복과 관련하여 떠올리는 말인 부귀영화(富貴榮華)의 순서를 한번 살펴보세요. 부는 돈이 많은 것이고, 귀는 명예가 높아지는 것이고, 영화는 권력을 잡아서 온 세상에 이름을 떨치는 것이지요.

갑 그런 부귀영화가 행복의 한 부분에 불과하다면 밀이 말하는 온전한 행복은 무엇을 말하는 건가요?

을 밀은 아마도 사회 전체의 행복을 의미했을 겁니다. 밀은 제2장에서 이렇게 말합니다. "공리주의적 기준을 설정하는 데 있어서 필수불가결한 조건은 행위자 자신의 최대 행복이 아니라 사회 구성원 전체의 최대 행복이다."

갑 나의 행복에서 일반(사회 전체의) 행복으로요? 글쎄요. 자기의 행복이 잘 안 되는데 어떻게 남의 행복을? 이 부분을 좀 더 자세히 설명해주시겠습니까?

을　위에서 말씀드렸지요, "나는 행복하지 못하지만 너는 행복하기를 바란다"라는 말. 내가 꼭 행복하지는 않더라도 남의 행복을 기원할 수는 있는 거지요. 하지만 밀은 나도 행복해지고 다른 사람들도 같이 행복해지자는 거지요. 정작 밀 본인이 그것을 달성했는지는 의문이지만요. 밀은 행복을 이렇게 세 단계로 나눕니다. 행복은 누구나 욕망하는 것이고, 행복 이외의 것은 욕망의 대상이 될 수 없고, 그리하여 사회는 개인들의 집합체이므로 일반 행복(사회 전체의 행복)이 모든 행동의 목적이 되어야 한다.

갑　선생님, 제가 방금 드린 질문은, 행복이 욕망의 대상이 될 수 있는가 없는가 하는 것이 아니라 금전, 명예, 권력이 왜 그 자체로 온전한 행복이 되지 못하느냐는 것이었습니다.

을　알고 있습니다. 그러니까 밀의 행복 사상이 독자님의 생각과 어떻게 다른지를 말씀드리기 위해 이 3단계를 든 것입니다.

첫 번째 것(행복은 누구나 욕망하는 것)에 대하여 밀이 제시하는 근거는 이런 문장입니다.

"어떤 대상이 눈에 보인다고 할 때 그에 대한 유일한 증거는 사람들이 그 대상을 실제로 본다는 것이다. 소리가 들린다고 할 때 그 소리의 유일한 증거는 사람들이 그것을 듣는다는 것이다. 인간 경험의 다른 증거들 역시 그러하다. 마찬가지로, 내 생각에, 어떤 것이 바람직하다는 것은 사람들이 실제로 그 어떤 것을 바란다는 사실로 증명할 수 있다. … 우리는 행복이 최고 목적이라는 공리주의의 주장에 소용되는 모든 증명을 갖고 있다. 뿐만 아니라, 행복은 선이고, 각 개인의 행복은 그 개인에게 선이며, 따라서 그 개인들을 모두 모아놓은 집단에도 선이 된다는 주장에 필요한 근거도 모두 갖고 있다."(4장)

위 desirable/desired의 관계에서 이미 말씀드렸듯이 행복이 바람직한 것이라고 해서 누구나 다 그것을 반드시 소망해야 하는 것은 아닙니다. 논리적으로 볼 때 사람들은 자신의 행복을 위해 욕망해서는 안 되는 것을 얼마든지 욕망할 수 있습니다. 가령 신라의 이차돈이 불교를 위해 목숨을 내놓은 것, 화랑 관창이 황산벌에서 여러 번 계백 장군에게 도전하다가 죽은 것 등이 그런 경우이지요. 따라서 밀의 주장은 타당한 증명이라고 보기 어려운 점이 있습니다.

이어 독자님이 말한, 금전, 명예, 권력이 왜 그 자체로 온전한 행복이 되지 못하는가 하는 질문에 대한 직접적인 대답은 아니지만, 그와 관련된 밀의 답변은 이러합니다.

"행복의 구성 요소들은 아주 다양하고 각 요소는 여러 요소들이 하나로 뭉쳐 있을 때만 바람직한 것이 아니라 그 자체로도 바람직하다. 공리주의는 어떤 특정한 쾌락(가령 음악)이나 어떤 고통으로부터의 면제(가령 건강)를 행복이라는 용어로 묘사되는 어떤 집단적인 것의 한 요소로만 바라보지는 않고, 또 그것들이 그런 요소이기 때문에 바람직하다고 생각하지도 않는다. 음악이나 건강은 그 자체로 욕망의 대상이 되고 또 바람직한 것이다. 이것들은 수단인가 하면 동시에 목적의 한 부분이기도 하다. 공리주의 이론에 의하면, 미덕은 원래 자연적으로 그 목적(행복)은 아니고 단지 그렇게 될 가능성이 높다. 사람들은 미덕이 행복으로 가는 수단이어서 애지중지하는 것이 아니라, 행복의 한 부분이기 때문에 원하고 또 소중히 여기는 것이다."(4장)

독자님은 미덕, 건강, 돈, 명예, 권력 등이 바로 행복 그 자체이지 어떻게 행복의 한 부분이 될 수 있으며, 그렇다면 개인이 느낄 수 있는 온전한(즉 부분이 아니라 전체인) 행복은 무엇이냐고 물었습니다. 여기서 개인이라는 말에 저는 강조점을 찍고 싶습니다. 사회와 대비되는 개인 말입니다. 이에 대한 밀의 대답은 이러합니다.

"한때 행복의 성취를 위한 도구로서 욕망되었던 것이, 이제는 그 자체로 욕망의 대상이 되었다. 이처럼 그 자체로 욕망의 대상이 되었기 때문에 그것은 행복의 일부분으로 욕망된다. 돈, 권력, 명예를 소유한 사람은 단지 그것을 소유한 사실만으로 행복하다고 느끼거나 아니면 자신이 앞으로 행복하게 될 거라고 생각한다. 음악을 좋아하고 건강을 유지하는 것이 행복한 일이듯이, 그것에 대한 욕망은 행복에 대한 욕망과 다를 바가 없다. 그런 것들은 행복 속에 포함되어 있다. 다시 말해 행복에 대한 욕망을 구성하는 기본 요소들이다. 행복은 추상적인 관념이 아니라 구체적인 전체이다. 따라서 이 기본 요소들은 행복의 일부이다."(4장)

저는 이 전체를 나의 행복, 너의 행복, 그리고 나아가 사회 구성원 모두의 행복을 합친 것이라고 생각합니다. 우리 사회를 한번 둘러보십시오. 나는 행복하지만 주위에 불행한 사람이 너무 많습니다. 반대로 나는 불행한데 주위에 행복한 것처럼 보이는 사람이 너무 많습니다. 이런 사회를 행복한 사회라고 할 수 있을까요? 밀이 말한 전체는 너도 행복하고 나도 행복하고 다 같이 행복한, 그런 행복을 말하는 것입니다. 그리하여 밀은 이렇게 말합니다.

"왜 일반(사회 전체의) 행복이 바람직한 것인지 그에 대한 이유를 제시할 수 없다. 단지 각 개인은 행복을 얻을 수 있다고 생각하는 한 그 자신의 행복을 얻기를 바란다고 말할 수 있을 뿐이다. 사정이 이렇기 때문에 우리는 행복이 최고 목적이라는 공리주의의 주장에 소용되는 모든 증명을 갖고 있을 뿐만 아니라, 행복은 선이고, 각 개인의 행복은 그 개인에게 선이며, 따라서 그 개인들을 모두 모아놓은 집단에도 선이 된다는 주

장에 필요한 증거도 모두 갖고 있다."(4장)

위에서 말한 밀의 행복 사상 3단계를 다시 한번 정리해보면 이렇게 됩니다.

첫째, 모든 사람이 그 자신의 행복을 원한다(욕망한다).

둘째, 따라서 각 개인은 자신의 행복을 행위의 목표로 삼아야 한다.

셋째, 따라서 모든 사람은 모든 사람의 행복을 목표로 삼아야 한다.

첫째에서 둘째로 이행하는 과정은 전혀 문제가 없습니다. 그러나 둘째에서 셋째로 넘어가는 부분은 문제가 있습니다. 이것은 아까 독자님의, 왜 금전, 명예, 권력이 그 자체로 온전한 행복이 되지 못하는가 하는 질문과도 관련이 됩니다.

갑 선생님, 잠깐만요, 금방 생각났는데, 혹시 밀의 행복론은 칸트의 정언명령과 비슷한 것이 아닐까요? 칸트의 정언명령을 밀의 방식대로 말하자면 "나의 행복이 사회 전체의 행복이 되게 행동하라"가 되니까요.

을 그렇게 읽을 수 있는 구석이 분명 있습니다. 그래서 밀의 사상이 칸트의 윤리 사상을 일부 포함하고 있다는 말들을 하지요. 하지만 여기서 중요한 것은 독자님이 아까 지적한 것이니까 그 문제를 살펴보기로 하십시다. 둘째에서 셋째로 넘어가는 부분의 문제점은 이렇게 표현하면 더욱 분명해집니다. "행복하기 위하여 각각의 남편은 자기의 아내를 사랑해야 한다. 따라서 모든 남편은 행복하기 위하여 모든 사람의 아내를 사랑해야 한다." 바로 여기서 독자님이 의아하게 여기는 부분과 밀의 주장하는 부분의 상이점이 분명하게 드러납니다. 독자님은 개인의 경우를 말하고 있고, 밀은 사회 전체의 경우를 말하고 있는 것입니다. 그런데 개인의 총합이 곧 사회 전체가 되는 것인지, 사회를 위해서 개인이 희생을 해야 하는지, 반대로 개인을 위해 사회가 특별한 배려를 해야 하는지 등의 문제에 대해서는 사람들마다 생각이 다릅니다. 이것은 공리와 정의의 문제로 연결되는데 밀은 이 문제를 제5장에서 다루고 있습니다.

은전 한 닢의 욕망

갑　밀의 글을 읽을 때 구체적 사례가 있었더라면 싶은 문장이 자주 나옵니다. 가령 의지는 욕망의 자식이요 습관의 결과물이라는 말이 나옵니다. 이에 대하여 구체적 사례를 들어주실 수 있는지요?

을　피천득 선생의 수필 "은전 한 닢"은 상하이에서 만난 거지 이야기입니다. 동전 한 닢을 48번 구걸하여 모으면 각전(角錢) 한 닢이 되고 그 각전을 여섯 개 모아야 대양(大洋) 은전 한 닢이 됩니다. 이 수필의 화자는 그 대양 은전 한 닢을 가진 거지에게 묻습니다. "왜 그렇게까지 애를 써서 그 돈을 만들었단 말이요? 그 돈으로 무엇을 하려오?" 그 거지가 대답합니다. "이 돈 한 개가 갖고 싶었습니다." 이것보다 더 비근한 이야기도 있습니다. 2016년 7월에 전라남도 목포에서 있었던 일입니다. 75세 된 노숙자가 5만원 권 1천장 묶음 다섯 다발(2억 5천만 원)이 든 가방을 잃어버렸다가 세 시간 만에 다시 찾았습니다. 경찰이 확인한 결과 그 돈은 노숙자가 평생 모은 것으로서 은행계좌에서 확인되었다고 합니다.

　이 거지나 노숙자는 은전과 5만원권을 갖고 싶다는 욕망이 먼저 있었겠지요. 그 다음에 구걸을 해야 되겠다는 의지가 나오고, 그리하여 구걸이 습관이 되었으니 의지는 곧 습관의 결과물이라고 할 만하지요.

갑　위에서도 이미 나왔습니다만, 밀은 3장 끝부분에서 이렇게 말합니다. "마음이 도덕적 공백 상태인 사람을 제외하고, 오로지 자기의 개인적 이익과 관련될 때에만 남들에게 신경을 쓰는 인생 계획을 세우는 사람은 거의 없다." 저는 이 말에 동의할 수 없습니다. 자기의 개인적 이익을 챙기지 않는 사람이 과연 있을까요? 이 말은 자기를 먼저 생각하는 사람은 다 도덕적으로 공백이라는 뜻입니까?

을 그래서 2장에서 보았듯이, 공리주의는 너무 이상론이라는 반론이 나오는 거지요. 그러나 이기심은 반드시 나쁜 것이라고 보기 어렵습니다. "우리가 저녁 식사를 할 수 있는 것은 정육점 주인, 양조장 주인, 빵집 주인의 자비심 때문이 아니라, 그들이 자신의 이익을 챙기려고 하는 이기심 때문이다"라는 애덤 스미스의 말도 있지 않습니까. 경제 법칙은 때로는 도덕 법칙과는 무관하고, 그래서 인간은 최소한의 노력으로 최대한의 욕구를 충족시키려 한다는 격언도 정립되어 있습니다. 인간이 자신의 이익(이기심)에 따라 움직이는 것은 당연한 일입니다. 사마천은 『사기』의 맹상군 열전에서 이렇게 말합니다. "부유하고 귀하면 사람들이 많이 모이고 가난하고 비천하면 친구가 적은 것은 당연한 일입니다. 선생께서는 아침에 시장에 모이는 사람들을 보지 못하셨습니까? 날이 밝으면 어깨를 비비고 다투며 문으로 들어가는데, 날이 저문 뒤에는 시장을 지나는 사람들이 어깨를 축 늘어트리고 아예 돌아보지도 않습니다. 이것은 아침을 좋아하고 저녁을 미워하는 것이 아니라, 기대하는 물건이 그 안에는 없기 때문입니다."

갑 사람들이 이익이 없는 곳은 아예 가지 않는다는 뜻입니까?

을 자기 이익을 먼저 생각하는 경향이 있다는 거지요. 먼저 인간의 이기심은 손해를 보지 않으려는 쪽으로 작동합니다. 사람들은 이득을 얻기보다는 손실을 회피하는 것을 더 좋아합니다. 그렇게 하는 것이 불합리할 때에도 가급적 손실을 피하려고 애씁니다. 이런 인간적 약점의 사례를 들어 보면 이런 것이 있습니다. 어떤 사람이 10만원의 횡재가 생겨서 얻는 만족보다 10만원의 손실을 당했을 때 느끼는 고통이 훨씬 더

뼈아픕니다. 그래서 이득을 얻지 못하는 한이 있더라도 손실은 피하려고 하는 겁니다. 마찬가지로 사람들은 5천원의 가격 할인을 받는 것보다 5천원의 추가 요금 지불을 더 싫어합니다. 어떻게든 손해를 보지 말아야 한다는 심리가 아주 강한 거지요.

정의와 허용 가능한 불의

갑 제5장의 정의에 관련된 부분에서 밀은 벤담의 말을 인용합니다. "모든 사람이 하나로 간주되고, 그 누구도 하나 이상으로 간주되어서는 안 된다"라는 것인데 이 문장의 뜻이 알 듯 말 듯합니다.

을 벤담은 모든 사람의 쾌락과 고통이 정확히 똑같은 수량이라고 보았습니다. 쾌락과 고통의 질적인 측면은 고려하지 않는 것이지요. 그래서 푸시킨을 읽든 푸시핀을 누르든 그 쾌락은 똑같다고 주장했습니다. 푸시킨은 러시아의 시인 겸 소설가이고, 푸시핀은 제도용 압핀을 말하는데, 갑이 푸시킨을 읽으며 느끼는 쾌락과 을이 푸시핀을 누르면서 누르는 쾌락은 동일하다고 본 겁니다. "모든 사람이 하나로 간주된다"라는 것은 이 쾌락과 고통의 만인공통설(萬人共通說)을 말하는 것이지요. 벤담의 제자인 밀은 앞에서 고통과 쾌락의 질적인 측면을 강조하면서 벤담의 공리주의 이론을 어느 정도 수정했는데, 여기서 다시 벤담의 이론으로 돌아가는 바람에 논리의 혼란을 일으키고 있습니다.

갑 제5장 거의 끝부분에서 이런 문장이 나옵니다. "우리는 미덕이 아닌 것을 정의라고 부르지 않는다. 위의 예외적 사례들에 대하여, 우리는 정의가 다른 도덕 원리에 밀려났다고 말하는 게 아니라, 통상적으로 정의로운 것이 어떤 다른 원리의 개입으로 인해, 그 특수한 경우에만 불의한 것이 되었다고 말할 것이다. 이런 적절한 언어 표현을 통하여 우리는 결코 침해될 수 없는 정의의 특징은 유지하면서도, 허용 가능한 불의가 존재할 수 있다고 주장하는 부담에서 벗어날 수 있다."

이 문장 중에서 '허용 가능한 불의'는 구체적으로 무엇을 가리키는 것인지요?

을 같은 단락에서 밀이 열거한 사례들, 가령 사람의 목숨을 구하기 위하여 필요한 음식이나 약품을 절도 혹은 강탈하거나, 또는 유일하게 자격증을 가진 의사를 납치하여 강제로 치료하게 하는 것 등을 말합니다. 여기서 밀은 사회적 공리의 추진이 일부 개인의 가장 중요한 이해사항(자유)을 희생시키는 불의를 감수할 수도 있다고 암시합니다. 그러니까 방금 열거한 구체적인 사례에서 보듯이, 사회적 공리와 개인적 공리가 충돌할 때 개인의 것을 일부 희생할 수 있다는 것입니다. 『공리주의』에서 밀은 공리를 정의로 보았고 『자유론』에서는 "나는 모든 윤리적 문제에서 공리를 궁극적 호소력이라고 본다"라고 말했습니다. "허용 가능한 불의"의 문제점은 『자유론』과 서로 비교해 보면 더욱 분명해집니다. 한쪽에서는 자유가 최고라고 하고, 다른 쪽에서는 공리가 최고라고 하고 있으니까요.

갑 선생님, 한 가지 더 문의드리겠습니다. 밀은 5장에서 공리를 중시하여 분배적 정의의 원리가 오직 공리에 호소함으로써 해결될 수 있다고 말했습니다. 이것이 과연 가능한 것인지요? 그보다 더 강력한 원리 혹은 정부의 힘이 작용해야 되지 않을까요?

을 그것은 도덕보다는 정치에 더 가까운 문제인데, 존 롤스(John Rawls)는 『정의론』(1971)에서 그런 분배의 정의와 관련하여 공리주의에 반대하면서 이상적인 사회계약론을 제시했습니다. 그는 벤담이나 밀과는 다르게 사회계약론이 정의의 원리를 지지하는 논증이라고 보았습니다. 사회의 구성원들 가운데 계약이 이루어지는 공정한 상황을 상상할 수 있다고 보았던 거지요. 롤스는 사회구성원들이 사회 내에서 자신의 지위나, 자신의 개인적 성향을 전혀 모르는 상태에서도 정의의 원리를 선택한다고 보았습니다. 여기서 지위는 부유한 사람인지 혹은 가난한 사람인지 또는 권력을 누리는 자리에 있는지 혹은 아닌지 등을 가리키고, 개인적 성향이라 함은 종교를 믿는지 그렇지 않은지, 삶의 계획이 어떤지, 진보적인지 아니면 보수적인지 등을 가리키는 것입니다.

사회 계약론이라고 하면 독자님은 다소 막연하다는 느낌이 들 겁니다. 이 계약론을 설명하기 위하여 먼저 이런 도덕적 딜레마를 하나 소개하겠습니다.

'홍길동은 심각한 질병을 앓고 있는 아내가 있다. 홍길동의 아내는 그가 경제적으로 감당하지 못하는 비싼 약을 먹어야 살아날 수 있다. 하지만 약국 주인은 정가 이하의 가격으로 그 약을 팔려고 하지 않는다. 약국 주인은 홍길동이 감당할 수 있는 낮은 가격으로 약을 팔아도 여전히 이문을 남길 수 있는 데도 그렇게 하지 않으려 한다. 그래서 홍길동은 약국에 무단 침입하여 그 약을 훔쳤다. 홍길동은 옳은 일을 하였는가?'

여기에 대하여 보통 사람들은, 훔치는 것은 도덕적으로 나쁘다, 홍길동은 훔쳤다, 그러므로 홍길동은 도덕적으로 잘못이라는 결론을 내릴 겁니다. 대부분의 사람들은 법과 질서를 중시하기 때문이지요. 그러나 롤스가 말하는 사회 계약의 단계에서는 홍길동의 상황을 완화해 줄 수 있는 원리를 제시할 수 있습니다. 도덕 감정은 대체로 보아 6단계로 나누는데, 순전히 이기심이 작용하는 1단계, 다른 사람도 그런 이기심을 가지고 있지만 상호간의 이기심을 교환하는 2단계, 대인관계를 중시하는 3단계, 사회의 법과 질서를 중시하는 4단계, 도덕적 규칙은 사회적 합의에 의한 것이므로 필요할 경우 바꿀 수 있다고 보는 사회 계약의 5단계, 추상적 보편 원칙을 고수하며 오로지 본인의 내적 양심만을 따르는 6단계로 나누어집니다.

롤스는 제5단계인 사회 계약을 중시하면서 공리주의보다 더 구체적인 다음 두 가지의 사회 정의에 관한 원리를 내세웁니다.

첫째, 기본 권리와 의무의 평등을 요구하는 원리.

둘째, 사회적·경제적 불평등을 보상하는 원리.

이 첫 번째 원리는 밀의 공리의 원리와 별반 다를 바가 없습니다. 중요한 건 두 번째 원리인데 밀은 전체의 이익을 위해서 소수가 희생을 당하는 것(불의)을 불가피하다고 본 반면에 롤스는 이 원리를 통해 전체 집단의 큰 이익 때문에 소수가 겪는 피해를 없앨 수 있다고 보았습니다. 위에서 예를 든 홍길동의 사례를 완화할 수 있다는 것이지요. 롤스는 다수가 공유하는 더 큰 이익으로 인해 소수의 자유가 침해되는 것에 대하여, 밀의 공리주의는 그 이유를 제시하지 않는다고 지적했습니다. 또 공리주의가 사회 전체를 마치 한 사람인 양 여기면서 합리적 선택의 원리를 밀어붙인다고 말합니다. 다시 말해 공리주의는 개인들 사이의 차이를 진지하게 고려하지 않는다는 것입니다. 개인과 사회의 차이는 위에서 이미 나온 문제인데, 롤스는 바로 그 점을 지적하고 있습니다.

제3의 길 미덕 윤리

을 칸트의 정언명령이나 밀의 최대 행복은 보통 사람으로서는 맞추기가 어려운 주문입니다. 그래서 이에 대한 대안으로 등장한 것이 미덕 윤리(virtue ethics)입니다. 칸트와 밀은, 인간은 어떻게 행동해야 하는가("How should I act?")에 집중했지만, 이 미덕 윤리는, 인간은 어떻게 살아야 하는가("How should I live?")라는 문제에 집중합니다. 다시 말해, 우리는 어떤 인간이 되면 좋은가 하는 것입니다. 이 미덕 윤리는 원조가 아리스토텔레스인데 지난 50년 동안 서양철학의 윤리학 분야에서 인기가 높았던 사상입니다. 아리스토텔레스는 좋은 생활을 가리켜 유다이모니아(eudaemonia)의 생활이라고 했지요. 이 그리스어는 종종 "행복"으로 번역되는데 실은 "번창하기"가 더 좋은 번역어입니다.

갑 행복은 알겠는데 번창하기는 무슨 뜻인지….

을 인간의 삶을 식물 혹은 동물에 비유해 보면 금방 이해가 됩니다. 식물의 예를 한번 들어 봅시다. 여기 느릅나무가 한 그루 있습니다. 그 나무를 보는 순간 당신은 그 나무가 잘 자랐는지 아니면 죽어가고 있는지 금방 알아봅니다. 잘 자란 나무는 키가 크고 줄기가 굵으며 뿌리를 깊이 내리고 푸른 잎사귀가 많으며 아주 많은 씨앗을 생산합니다. 반대로 그 나무가 병들었으면 시들시들하다가 잎사귀를 떨어트리는데 그 잎사귀는 물기가 없어서 아주 건조합니다. 또 그 나무의 가지도 쉽게 부러집니다.

마찬가지 비유를 동물에게도 적용할 수 있습니다. 가령 늑대를 한번 살펴봅시다. 정상적인 늑대는 이빨이 날카롭고, 털이 윤기가 흐르며, 근육이 단단합니다. 물론 늑대의 상태를 점검할 때 이런 겉모습만 보는 건 아니지요. 늑대가 어떤 행동을 하는지도 살펴볼 수 있습니다. 늑대다운 삶을 살아가려면 늑대에게 자연스러운 행동을 해야 하는 것이지요. 그런 행동들로는 야생의 들판에서 살고, 무리에 소속되어 행동하며, 새끼를 치고, 다른 늑대들과 함께 사냥을 나가고, 거칠게 소리치며 자신의 존재감을 뽐내는 것 등이 있지요. 이런 것들을 하지 못하고 저 혼자 있는 늑대를 가리켜 영어에서는 론 울프(lone wolf)라고 하는데, 독불장군,

남과 잘 사귀지 못하는 사람, 사회 부적응자 등의 뜻입니다. 이 비유는 번창하기의 뜻을 분명하게 밝혀주고, 또 인간은 어떻게 살아야 하는지 뚜렷하게 보여줍니다.

갑　제가 보기에는 보통 사람의 보통 삶을 말씀하시는 것 같은데요.

을　그렇습니다. 언제적 선거였는지 잘 기억이 안 나는데 아무튼 그 선거에 나선 한 후보가 이런 말을 했습니다. "비록 성인군자처럼 살아오지는 못했지만, 평범한 시민으로서 부끄러움 없는 삶을 살아왔다." 여기서 성인군자는 독자님과 제가 지금껏 이야기해온 정언명령과 최대 행복을 말하는 것이겠지요. 그렇다면 이 후보가 말한 평범한 시민으로 부끄러움 없는 삶이란 어떤 것일까요? 독자님의 의견을 한번 듣고 싶습니다.

갑　어릴 때는 부모님 말씀 잘 듣고 학교 잘 다니다가 졸업해서는 취직하고 그 후에는 결혼하여 아이를 낳아 가정을 유지하면서 이웃을 사랑하고 사회에 도움이 되는 활동을 하다가 선종하는 삶, 뭐, 이런 것이 아닐까요?

을　그렇습니다. 대부분의 시민이 그런 평범한 삶을 살아가기 때문에 역으로 성인군자가 빛나게 되는 것이지요. 만약 이 세상 모든 사람이 성인군자 되기에만 헌신한다면, 세상은 어떻게 되겠습니까? 수도사들의 학교 같은 곳이 되고 말겠지요. 또 세상은 어떻게 발전하겠습니까? 그러니 보통 사람에게는 그가 지킬 수 있는 한도 내에서의 도덕적 생활을 기대하는 게 오히려 합리적이라고 보는 것이 미덕 윤리의 주장입니다. 그런데 이런 보통의 생활과 관련하여 미덕 윤리는 두 가지 사항을 더 요구합니다.

갑　그것이 무엇입니까?

을　하나는 나 못지않게 상대방도 살아가야 할 삶이 있는 사람이라는 것이고, 다른 하나는 모든 생물은 저마다 고통을 감내하면서 살아가는 존재임을 인식하라는 것이지요. 그런데 밀은 『공리주의』2장에서 "우리는 인류뿐만 아니라, 우리 사회의 형편이 허용하는 한, 지각을 가지고 있는 모든 피조물에게도 그런 삶을 허용해야 한다"라고 말합니다. 또 5장에서는 이런 말도 하지요. "인간은 동물과는 다르게 더 폭넓은 공감의 범위를 가지고 있다. 인간은 자식에게 공감할 뿐만 아니라, 자신에게 잘해주는 고등한 존재에 공감하고(일부 고등한 동물들도 이렇게 한다), 모든 인간 심지어 모든 지각 있는 존재들에게까지 공감한다." 요즘 말로 하면 인간들뿐만 아니라 동물들에게도 그런 삶을 허용해야 한다는 것으로서, 동물보호 운동의 선구가 되는 사상이지요. 이것은 밀의 도덕 사상에 미덕 윤리가 일정 부분 깃들어 있음을 보여주는 부분입니다. 또 위에서 행복을 말할 때 지나가듯 말했듯이("나의 행복이 사회 전체의 행복이 되게 행동하라"), 칸트 사상도 일부 들어가 있지요.

공리주의 속의 그리스 사상

을　그런데 공리주의 속에는 두 가지 흐름이 있어서 서로 긴장을 일으키고 있습니다. 하나는 벤담에게서 유래한 수학적 경향입니다. 간단히 말해서 행복이나 쾌락도 계량 가능하다는 것이지요. 개인의 행복은 쾌락의 여러 가지 특징, 강도, 지속성, 확실성, 인접성(기다림의 정도), 순수성(추가할 수 있는 가능성), 범위(체험한 사람들의 숫자) 등을 다 따져보면 총량이 거의 정확하게 나온다고 보는 겁니다. 이런 여러 단위들을 다 합치면 개인의 행복을 얼마든지 숫자로 표시할 수 있다는 거지요. 그리하여 일반 행복도 개인의 행복과 별반 다를 바 없다는 겁니다. 또 개인들이 느끼는 행복의 양을 모두 합치면 그게 곧 사회 전체의 행복량이라고 보지요. 벤담은 아예 대놓고 이런 식으로 행복을 계량할 수 있다고 생각했습니다.

　이런 태도가 비난을 받게 되자 밀은 행복에다 질(quality)의 개념을 도입했습니다. 이렇게 하여 행복은 단순한 수학의 문제가 아니라 개인의 깊은 욕구를 만족시키기 위하여 꼭 필요한 인품의 문제가 되었습니다. 가령 쾌락을 고상/저급으로 구분할 수 있는 것도 이런 인품을 전제로 하는 것이지요. 이러한 질적 쾌락주의는 행위의 결과를 최우선적으로 고려하는 벤담의 공리주의와는 다른 것입니다. 밀의 질적 쾌락주의는 아리스토텔레스의 행위자 중심의 윤리학과 일치하는 사고방식입니다.

　밀이 쾌락을 질과 양으로 나누는 것은 개인의 성격이 쾌락의 선택에 작용한다고 보기 때문입니다. 그런데 플라톤은 『국가』에서, 다양한 종류의 쾌락은 서로 다른 능력에 발맞추어 생겨난다고 말합니다. 그러니까 최고의 능력과 최선의 삶을 향유하는 인간만이 최대의 쾌락을 누릴 수 있다는 거지요. 개인 능력의 발휘와 그가 누리는 선한 삶은 그 개인의 성격을 통하여 다른 사람들에게 전달됩니다. 쾌락의 선악 판단은 그 둘을 다 경험한 사람, 즉 현자에게서나 가능하다고 플라톤은 말했습니다. 그리고 밀은 이런 플라톤 사상에서 영향을 받아서 『공리주의』 2장에서 고상/저급의 쾌락을 둘 다 경험한 사람은 고상한 쾌락을 선택할 것이라고 말합니다. 밀은 경험 많고 미덕을 갖춘 고대 그리스인들의 쾌락을 선택하는 기준을 그대로 수용하고 있는 거지요. 지금까지의 이야기를 종합하면, 공리주의의 측면에서, 개인 단위의 행복을 중시하는 벤담에 비하여 밀은 사회 전체의 행복을 중시합니다. 그래서 이런 태도의 차이 때문에 불교식 용어로 벤담은 소승(小乘)이고, 밀은 대승(大乘)이라고 말하기도 합니다. 그리고 밀은 플라톤의 사상과 아리스토텔레스 사상, 더 나아가 칸트의 사상도 일부 수용하고 있습니다. 이런 이유로 이사야 벌린

(Isaiah Berlin)은 밀의 사상이 가변적이고, 포괄적이며, 비결정적이고, 신축 유연하다고 말했지요.

갑 지금까지 선생님의 말씀을 들어보니 J.S.밀의 『공리주의』는 정말 여러 가지 사상의 흐름을 보여주는 책이로군요.

을 대부분의 철학책들은 추상적인 용어들이 많이 나오고 구체적인 사례가 별로 없어서 읽기가 어렵고 재미도 없습니다. 그러나 『공리주의』는 비록 추상적으로 설명이 되어 있지만 읽어나가는 동안 생활 속의 구체적 사례들을 자꾸 생각하게 만듭니다. 다시 말해, 철학하기(doing philosophy)를 하도록 유도합니다. 철학하기는 철학자 이름과 그들의 대표적 저서를 외우는 것이 아니고, 간추린 철학사 책에 설명되어 있는 철학자들의 사상 개요를 읽는 것도 아닙니다. 플라톤은 『파이돈』에서 철학은 "죽음을 공부하는 것"이라고 했고, 『국가』에서 "가장 좋은 삶을 살도록 도와주는 것"이라고 했습니다. 이것을 종합하면, "철학은 인생을 멋지게 사는 방법을 공부하는 것"이 됩니다. 밀의 『공리주의』는 어떻게 살아야 멋진 인생인지 깊이 생각하게 만듭니다. 이 책을 읽고 밀의 주장에 질문을 던지고, 이어 그 대답을 스스로 생각해내는 것, 이렇게 하는 것이야말로 진정한 철학하기입니다.

갑 긴 시간 동안 저의 여러 가지 질문에 자상하게 답변해주신 것을 다시 한번 감사드립니다.

을 저도 이런 대화를 나누면서 제 생각을 정리하는 계기가 되었습니다. 독자님이 지금까지 해온 이야기를 모두 감안하여 『공리주의』를 다시 읽는다면 이 책이 아주 흥미진진한 텍스트임을 발견하게 될 것입니다. 저는 이 책을 통하여 독자님의 생각이 더욱 깊고 넓어지기를 기대합니다.

옮긴이 이종인

1954년 서울에서 태어나 고려대학교 영어영문학과를 졸업하고 한국 브리태니커 편집국장과 성균관대학교 전문 번역가 양성 과정 겸임 교수를 역임했다. 지금까지 250여 권의 책을 번역했으며, 특히 인문학, 사회과학 분야의 책을 많이 번역했다. 번역 입문 강의서 『번역은 글쓰기다』, 『살면서 마주한 고전』 등을 집필했으며, 옮긴 책으로는 『유한계급론』(소스타인 베블런), 『진보와 빈곤』, 『리비우스 로마사 I, II』, 『로마제국 쇠망사』, 『고대 로마사』, 『숨결이 바람 될 때』, 『변신 이야기』, 『작가는 왜 쓰는가』, 『호모 루덴스』, 『폰더 씨의 위대한 하루』, 『중세의 가을』, 『마인드 헌터』 등이 있다. 최근에는 인문, 경제 분야의 고전을 깊이 있게 연구하며 번역에 힘쓰고 있다.

현대지성 클래식 31

공리주의

1판 1쇄 발행 2020년 6월 18일
1판 8쇄 발행 2024년 8월 20일

지은이 존 스튜어트 밀
옮긴이 이종인
발행인 박명곤 **CEO** 박지성 **CFO** 김영은
기획편집1팀 채대광, 김준원, 이승미, 김윤아, 이상지
기획편집2팀 박일귀, 이은빈, 강민형, 이지은, 박고은
디자인팀 구경표, 유채민, 임지선
마케팅팀 임우열, 김은지, 전상미, 이호, 최고은

펴낸곳 (주)현대지성
출판등록 제406-2014-000124호
전화 070-7791-2136 **팩스** 0303-3444-2136
주소 서울시 강서구 마곡중앙6로 40, 장흥빌딩 10층
홈페이지 www.hdjisung.com **이메일** support@hdjisung.com
제작처 영신사

ⓒ 현대지성 2020

"Curious and Creative people make Inspiring Contents"
현대지성은 여러분의 의견 하나하나를 소중히 받고 있습니다.
원고 투고, 오탈자 제보, 제휴 제안은 support@hdjisung.com으로 보내 주세요.

현대지성 홈페이지

현대지성 클래식 살펴보기